# Étude sur le secteur privé de la santé au Burkina-Faso

Service de conseil sur le climat de l'investissement
Groupe de la Banque mondiale

**BANQUE MONDIALE**

**IFC** | **Société Financière Internationale**
Groupe de la Banque mondiale

# Série sur le climat de l'investissement dans le secteur de la santé

Cette sous-série d'Étude de la Banque mondiale est produite par le Département chargé du climat de l'investissement du Groupe de la Banque mondiale. Elle permet de publier des éléments d'information nouveaux sur les activités du Groupe de la Banque mondiale dans le secteur de la santé, de diffuser des travaux d'analyse de haute qualité et de consolider des documents informels déjà publiés après les avoir soumis à une révision et aux processus standards de contrôle de la qualité.

La sous-série est surtout réservée aux publications qui élargissent les connaissances sur les politiques gouvernementales et le contexte opérationnel et suggèrent des moyens de favoriser une plus grande participation du secteur privé de la santé au traitement des maladies qui touchent les pauvres et autres populations vulnérables. Des exemples de pratiques optimales présentant un intérêt régional sont fournis à travers des revues thématiques, des travaux d'analyse et des études de cas.

Le rédacteur en chef de la série est Alexander S. Preker. Les autres membres du Comité de rédaction sont Peter Berman, Maria-Luisa Escobar, Scott Featherston, Charles C. Griffin, April L. Harding, Gerard M. La Forgia, Maureen Lewis, Benjamin Loevinsohn, Ok Pannenborg, Khama O. Rogo et Marie-Odile Waty.

Pour de plus amples renseignements, prière s'adresser à :

wbginvestclimate@worldbank.org

# Contents

Avant-propos ........................................................................................................ix

Préface en français ...............................................................................................xi

Préface en anglais ..............................................................................................xvii

Remerciements ................................................................................................xxiii

Acronymes ........................................................................................................xxv

1. **Méthodologie** .............................................................................................1
   Objectifs de l'évaluation ...............................................................................1
   Approche méthodologique ............................................................................1

2. **Évaluation** ...............................................................................................10
   Contexte général ........................................................................................10
   Offre de soins .............................................................................................17
   Formation ...................................................................................................30
   Médicaments et produits de santé .............................................................39
   Assurance et financement ..........................................................................51
   Éléments transversaux ...............................................................................56

3. **Acquis, principaux défis et pistes de solution** ......................................70
   Éléments spécifiques ..................................................................................70
   Pistes ou chantiers prioritaires identifiés lors des ateliers ........................71

4. **Plan d'action adopté** ...............................................................................74

5. **Conclusion** ..............................................................................................90

**Annexe: Chiffres clés** ......................................................................................93

**Bibliographie** ..................................................................................................95

**Publications** ..................................................................................................103

**Figures**

1.1. Démarche générale de l'évaluation .............................................................2

1.2. Grille d'analyse ............................................................................................3

1.3. Schéma général du processus d'analyse ......................................................4

1.4. Structure des questionnaires d'enquête ......................................................6

1.5. Déroulement du « volet mobilisation » de l'évaluation ...............................7

1.6. Structure du Plan d'action ..........................................................................9

2.1. Évolution comparée du PIB national à prix courants, du PIB capita à prix
     constants (indice 100 en 2003) ..................................................................12

2.2. Croissance comparée du PIB et des dépenses en soins de santé totales et per
     capita (indice 100 en 2003) ......................................................................14

2.3. Répartition des ESPS par catégories...................................................................18

2.4. Capacité en lits des établissements de soins par niveau et par statut......................20

2.5. Statut des personnels des ESPS par sexe et catégorie......................................21

2.6. Structures des RH dans les ESPS du groupe II................................................22

2.7. Formations proposées par le secteur privé ....................................................31

2.8. Catégories de formations proposées par le secteur privé .................................33

2.9. Flux actuels de formation dans le secteur privé ..............................................35

2.10. Schéma des principaux réseaux d'approvisionnement du marché illicite ............40

2.11. Schéma de principe de l'organisation de l'approvisionnement en
médicaments, hors médicaments des programmes nationaux (valeurs
d'importation en PGHT, valeur de consommation finale en prix public)...............41

2.12. Évolution des valeurs d'importation de médicaments entre 1993 et 2009,
hors médicaments des programmes nationaux (milliards de FCFA).....................42

2.13. Évolution du nombre d'officines privées et de leur chiffre d'affaires moyen
annuel (millions de FCFA) ..........................................................................43

2.14. Mécanisme de formation des prix de vente au public........................................45

2.15. Prix d'achat, prix de vente et marges commerciales des MEG les plus
vendus, fournis par la CAMEG aux pharmacies d'officine privées (valeurs en
FCFA) .....................................................................................................46

2.16. Évolution de la part de financement des principaux contributeurs aux
dépenses de santé .....................................................................................54

**Tables**

1.1. Échantillon des ESPS enquêtés...................................................................5

2.1. Dépenses monétaires des ménages par quintile de revenu, par an et par individu 13

2.2. Établissements privés de soins par statuts....................................................18

2.3. Évolution des effectifs de personnels de soins de santé dans le secteur public........21

2.4. Tarifs moyens pratiqués dans les ESPS exprimés en nombre de jours de
travail d'un salarié payé au SMIG................................................................24

2.5. Part du secteur privé de soins dans le recours aux soins par quintile de revenu.....26

2.6. Comportement des prestataires privés face aux difficultés de paiement de
leurs patients selon les catégories d'ESPS......................................................27

2.7. Exemples de partenariat entre les ESPS et le secteur public................................29

2.8. Effectifs des personnels par catégories et statures ..........................................32

2.9. Formation continue des personnels des ESPS .................................................34

2.10. Exemple de comparaison avec le secteur public .............................................36

2.11. Estimation de la valeur du marché du médicament en 2009, hors
médicaments des programmes nationaux selon les filières de distribution
(milliards de FCFA)....................................................................................42

2.12. Estimation des prix de traitements traceurs aux prix de vente dans les
secteurs public et privé ..............................................................................47

2.13. Déterminants des lieux d'achat des médicaments ..........................................48

2.14. Couverture du risque maladie ..................................................................51

2.15. Proportion de patients ayant recours à des soins et bénéficiant d'une
couverture totale ou partielle du risque maladie..............................................52

2.16. Principaux postes de la dépense en soins de santé ....................................................55

2.17. Répartition des dépenses de santé par secteur (milliards de FCFA)........................55

2.18. Récapitulatif des dépenses en soins de santé per capita par grandes catégories ...56

2.19. Perception des promoteurs sur les impôts qu'ils acquittent....................................60

2.20. Tranches d'imposition sur les bénéfices des professions non commerciales ..........61

4.1. Plan d'action adopté ....................................................................................................75

# Avant-propos

La présente évaluation du secteur privé de la santé au Burkina Faso intervient à une période où le Burkina Faso est engagé résolument dans le développement de stratégies novatrices pour accélérer l'atteinte des Objectifs du millénaire pour le développement (OMD) d'ici 2015. Dans cette perspective, une nouvelle politique nationale de santé ainsi que le Plan national de développement sanitaire 2011–2020 (PNDS) viennent d'être adoptés. Le souci majeur étant pour le Gouvernement de répondre efficacement aux problèmes de santé qui demeurent importants. A cet effet, le Gouvernement réaffirme la nécessaire complémentarité entre le secteur public et le secteur privé de la santé.

La présente évaluation constitue donc une opportunité pour le Gouvernement pour mieux apprécier la contribution, combien essentielle, du secteur privé de la santé, mais aussi pour identifier les principaux goulots d'étranglement et les potentialités à exploiter pour mieux impliquer ce sous-secteur.

J'invite l'ensemble des acteurs du secteur public de la santé à s'approprier les résultats de cette étude et à faire en sorte que la place et le rôle du secteur privé de la santé soient explicitement définis dans les différents documents de stratégies de développement sanitaire.

Je souhaite que la réalisation de cette évaluation soit pour les professionnels de santé du secteur privé, une preuve supplémentaire de notre engagement à les associer davantage aux initiatives gouvernementales de développement sanitaire. Les résultats ainsi que les recommandations contenus dans ce document d'évaluation constituent une plateforme de collaboration pour les années à venir.

Tout en remerciant les partenaires techniques et financiers et plus particulièrement le Groupe de la Banque mondiale pour l'accompagnement technique et financier de ce processus, je formule le vœu que cet appui se poursuive à travers le financement des différents projets du partenariat public-privé (PPP) initiés à la faveur de cette évaluation.

Je reste convaincu que l'atteinte des objectifs de réduction de la pauvreté passe nécessairement par la conjonction des efforts de tous à relever le niveau global de santé des populations de notre pays.

Professeur Adama Traoré
Ministre de la Santé du Burkina Faso

# Préface en français

Les objectifs de la présente évaluation du secteur sanitaire privé au Burkina Faso sont les suivants : *a*) déterminer le rôle que le secteur privé joue dans le système national de santé ; *b*) formuler un diagnostic sur la nature et l'efficacité de l'interface entre secteurs public et privé ainsi que sur les cadres juridique, réglementaire, technique et humain dans lequel évolue ce secteur ; *c*) formuler des recommandations au Gouvernement, renforcer le dialogue entre les parties prenantes impliquées dans les secteurs public et privé ; et *d*) informer les entrepreneurs de la finance, de l'assurance, de l'investissement et des opérateurs, africains ou non, et susciter leur intérêt à participer au développement du secteur privé de la santé au Burkina Faso.

## Méthodologie

La méthodologie générale de l'évaluation consiste à créer un processus participatif basé sur un travail effectué dans le cadre d'ateliers et groupes de travail, de façon à faciliter les échanges entre les parties prenantes et à susciter des discussions entre l'administration, les opérateurs et les partenaires du secteur.

L'exercice d'évaluation a suivi un processus étalé sur 10 mois (juin 2010-février 2011). Il a été réalisé à partir d'un cadre analytique constitué de quatre domaines verticaux (offre de soins, formation des professionnels, médicaments et produits de santé, assurance et financement) et d'un domaine transversal (environnement des affaires).

La méthodologie de travail s'est appuyée sur des informations obtenues selon trois modalités : *a*) une analyse du *corpus* documentaire disponible (textes législatifs et réglementaires, documents généraux relatifs à la politique et à la stratégie sectorielles, annuaires statistiques, études et enquêtes sectorielles spécifiques, etc.) ; *b*) des entretiens approfondis et des « *focus groups* » organisés avec des prestataires impliqués dans les quatre domaines d'analyse étudiés ; *c*) une enquête réalisée par le consultant auprès d'un échantillon de 79 Établissement sanitaire privé de soins (ESPS) représentatifs de la diversité des structures existantes et des contextes (géographiques notamment) dans lesquels ils interviennent, à l'aide d'un sondage stratifié à deux degrés ; et *d*) l'animation de trois ateliers d'engagement avec les représentants des secteurs public et privé destinés à présenter la méthodologie de l'évaluation, à discuter de ses principaux résultats, à identifier les principaux défis et à élaborer un plan d'action afin de mieux intégrer le secteur privé dans le système de santé burkinabé et améliorer ainsi les résultats en matière de santé.

## Principaux constats identifiés

### Offre de soins

- Les 382 ESPS fonctionnels que compte le Burkina Faso représentent environ 20 % des formations sanitaires du pays. Il s'agit principalement de petites structures délivrant des services qui correspondent aux 1$^{er}$ et 2$^e$ niveaux de soins. Dans la mesure où il n'y pas d'offre privée de soins au niveau tertiaire, les plateaux techniques des ESPS hospitaliers correspondent à ceux que l'on trouve habituellement au 2$^e$ niveau de soins, tout en offrant, pour certains d'entre eux, une gamme plus large de services que dans le secteur public. Les lits privés représentent moins de 15 % du total des lits hospitaliers du pays ;

- Cette offre privée de soins est très fortement concentrée à Ouagadougou et, dans une moindre mesure, à Bobo Dioulasso. Près de 20 % des établissements en activité fonctionnent sans autorisation (8 % des établissements à but lucratif et 32 % des établissements à but non lucratif) ;

- Les ESPS emploient environ 1 800 personnes dont le tiers sont des vacataires (le plus souvent des médecins issus du secteur public) ;

- Les informations concernant la nature et le volume des actes sont quasi-inexistantes. En conséquence, le rôle joué par le secteur privé de soins est difficile à mesurer, tout comme la qualité des prestations qui est difficile à apprécier ;

- D'après une étude du Ministère réalisée en 2005, les ESPS représentent 13 % des recours aux soins de la population. Ils sont utilisés par toutes les catégories de population, le taux d'utilisation du quintile le plus riche (18 %) représentant le double de celui du quintile le plus pauvre (9 %). En effet, compte tenu des tarifs pratiqués et de leur répartition géographique, les ESPS s'adressent majoritairement à une clientèle urbaine et relativement favorisée ;

- L'intégration des ESPS dans l'offre de soins des districts et régions sanitaires peine à se matérialiser. Leur participation aux programmes prioritaires de santé publique n'est que très peu développée. Par ailleurs, les exemples de partenariats public-privé sont à ce jour limités.

### *Formation*

- La formation des professionnels des soins de santé reste l'apanage du secteur public. L'offre privée de formation n'existe que depuis peu et se concentre exclusivement à Ouagadougou ;

- Les établissements privés offrent une large gamme de filières de formations initiales ; la qualité de ces formations est vraisemblablement inégale ;

- Les principales contraintes auxquelles sont soumis les établissements privés de formation sont : l'absence de vision et le peu d'incitation de l'État ; l'accès limité aux crédits bancaires ; l'étroitesse du vivier d'enseignants (rôle majeur joué par des vacataires issus du secteur public) ; la difficulté à trouver des terrains de stage ; la viabilité financière fragile des établissements, qui oblige à augmenter les frais de scolarité ;

- L'offre privée ne concerne que la formation initiale ; en revanche, une proportion importante des professionnels travaillant dans des structures de soins privées bénéficie de formation continue ;

- L'analyse de la situation de ce domaine appelle une réflexion de fond sur le rôle que l'ensemble des acteurs du secteur de la santé entendent confier au secteur privé pour la formation des professionnels de la santé.

### *Médicaments et produits relatifs à la santé*

- En l'absence d'une production locale de médicaments, le marché privé du médicament est exclusivement un marché d'importation ;

▨ Il comprend : *a)* un grossiste importateur de statut non lucratif (CAMEG) chargé de l'approvisionnement des formations sanitaires publiques, qui représente 48 % du marché total en valeur de vente (24,3 milliards de FCFA) ; et *b)* huit grossistes importateurs de statut lucratif qui approvisionnent les pharmacies privées, qui représentent 52 % du marché total en valeur de vente (26,4 milliards de FCFA) ;

▨ Le marché illicite du médicament est important et préoccupe à la fois les opérateurs (il constitue une entrave à la concurrence) et l'administration (maladies iatrogènes et apparitions de pharmaco-résistances) ;

▨ Le segment lucratif distribue essentiellement des produits génériques de marque et des spécialités, le segment non lucratif distribue exclusivement des MEG ;

▨ Les prix de vente des médicaments sont établis de façon identique dans les segments lucratif et non lucratif par application, sur les prix d'achat, de marge *ad valorem* ;

▨ Les prix de vente du segment non lucratif sont en moyenne trois fois moins élevés que ceux du segment lucratif. Concernant le segment lucratif, le niveau des prix de vente est peu compatible avec le pouvoir d'achat de la population;

▨ Il existe depuis 2001 un partenariat entre la CAMEG et les 167 pharmacies privées du pays pour la vente au public de MEG à bas prix.

## *Assurance et financement*

▨ Il n'existe pas de système national d'assurance maladie. En contrepartie, l'État a instauré la gratuité de certaines procédures (vaccination, CPN, lèpre, tuberculose, VIH/sida, etc.) et mis en place des subventions ciblées (SONU, moustiquaires imprégnées) ;

▨ L'absence de système national d'assurance maladie se traduit par le fait que seuls 4 % de la population bénéficient d'une couverture partielle du risque maladie (assurances privées ou employeurs) ;

▨ La majorité des patients qui fréquentent les ESPS bénéficie d'un système de couverture du risque maladie ;

▨ Il existe un projet d'AMU actuellement en cours de conception, basé sur l'AMO (travailleurs salariés) et sur l'AMV (travailleurs non-salariés des secteurs formels et informels) dont les objectifs sont ambitieux. Ce projet ne devrait pas être conduit à terme avant plusieurs années ;

▨ La dépense nationale de santé s'élevait, en 2008, à 254 milliards de FCFA (soit 18 000 FCFA par individu). Les plus gros contributeurs à cette dépense sont les ménages (38 %) qui se placent avant l'État (31 %) et les autres sources de financement (PTF, société civile, secteur privé, etc.) ;

▨ La dépense nationale de santé comprend trois grands postes : le médicament (29 %), la prévention des maladies des OMD (23 %) et les soins curatifs hospitaliers (22 %) ;

▨ La part privée de la dépense de santé représente moins de 20 % de la dépense totale (40,8 milliards de FCFA soit 3 500 FCFA par individu). Près de 70 % de cette dépense portent sur le médicament (28 milliards de FCFA, soit 2 000 FCFA par individu).

*Environnement*

- L'assimilation de l'exercice de toutes les professions relatives à la santé à une activité commerciale mérite d'être révisée ; il en va de même pour les procédures de demande d'autorisation d'ouverture des ESPS ;
- Le dispositif législatif et réglementaire est assez complet mais a besoin d'être actualisé et harmonisé. Les textes sont par ailleurs mal ou peu appliqués ;
- L'application imparfaite du cadre réglementaire existant représente une entrave au développement harmonieux du secteur privé de la santé; il sera nécessaire de renforcer les structures d'inspection et de contrôle ainsi que les instances représentant les professions concernées ;
- Le Code du travail en vigueur est assez favorable aux travailleurs ; il oblige notamment l'employeur à affilier son personnel salarié à la CNSS ;
- Le secteur privé de la santé intéresse les banques commerciales dans la mesure où elles voient en lui un gisement d'activités relativement sûr et rentable et un marché en croissance ;
- La logique est strictement commerciale avec la minimisation du risque. En conséquence les produits proposés sont relativement chers (>10 %) ;
- Il n'existe pas de dispositions fiscales adaptées (subventions, allègements fiscaux, mécanisme d'appui au financement) facilitant l'installation ou l'extension des ESPS et leur accès au crédit bancaire est très limité ;
- L'intérêt des banques se limite au remboursement régulier des encours et il n'existe aucune mesure d'accompagnement des promoteurs ;
- La concurrence existe mais ne semble pas induire de diminution du coût des crédits ;
- En 2011, le Burkina Faso se trouvait à la 150e place sur les 183 pays de l'échantillon de référence de *Doing Business* ;
- Pour rationaliser le dispositif fiscal et remonter le taux de pression fiscale à 17 % du PIB, le Gouvernement s'est engagé, depuis 2008, dans une importante réforme qui a donné lieu à la rédaction d'une série de lois en 2010 ;
- Le système fiscal est perçu négativement par les professionnels (enquête EAPS 2010) en termes du nombre de taxes à acquitter et de méconnaissance du mode d'établissement des impôts.

## Pistes ou chantiers prioritaires

- Cadre de dialogue et échange d'informations :
  - Révision du cadre de dialogue public-privé mis en place par le MSP dans le sens d'une participation accrue de toutes les composantes du secteur privé de la santé ;
  - Mise en place d'un système d'information fiable permettant de suivre le rôle du secteur privé dans le système de santé et de mieux l'intégrer dans les programmes prioritaires de santé publique ;
  - Accès par les ESPS, au même titre que les formations sanitaires publiques, à l'information utile à la mise en œuvre des activités et programmes de santé

publics promus et pilotés par les autorités sanitaires aux niveaux central et déconcentré.

- Environnement des affaires :
  - Actualisation et harmonisation du dispositif législatif et réglementaire, et renforcement des instances chargées de la régulation ;
  - Lutte contre le marché illicite du médicament et adoption de mesures facilitant l'accès du secteur privé à des produits médicaux contrôlés, notamment les anesthésiques et stupéfiants ;
  - Facilité d'accès au crédit bancaire et au leasing, en améliorant notamment la capacité des promoteurs privés à développer des plans d'affaires de qualité et à accompagner l'installation de nouveaux promoteurs privés, en province en particulier ;
  - Participation de représentants du secteur privé de la santé au Comité national de pilotage de l'assurance maladie.
- Partenariats public privé :
  - Éliminer la méfiance à l'égard du secteur privé qui est encore largement répandue au sein des acteurs du secteur public de la santé, ce qui limite les possibilités de développer des PPP ;
  - Œuvrer à un meilleur alignement des pratiques des prestataires privés de soins de santé sur les orientations dictées par le Ministère de la santé, notamment par la mise en place de dispositions financières nécessaires à la participation effective des opérateurs privés au service public de la santé et à la réalisation des grands objectifs de santé publique.

## Plan d'action adopté

Le plan d'action issu du travail participatif en groupes lors des ateliers et proposé au Gouvernement est articulé en trois axes :

- Axe A : Cadre stratégique et dialogue politique
  - Améliorer la communication entre les secteurs public et privé ;
  - Renforcer la participation du secteur privé au dialogue stratégique.
- Axe B : Environnement des affaires
  - Régulation/réglementation : a) renforcer le cadre réglementaire et son application ; b) réduire le marché illicite du médicament et des autres produits de santé ; et c) améliorer l'approvisionnement en anesthésiques et stupéfiants dans les structures de soins du secteur privé ;
  - Accès au capital et mesures de facilitation : a) améliorer l'accès des promoteurs aux financements ; b) développer des mesures incitatives pour l'installation en province ;
  - Rendre solvable la demande/assurances : développer la couverture du risque maladie.
- Axe C : Développement d'initiatives concrètes de partenariat public-privé
  - Renforcer l'implication du secteur privé dans les interventions prioritaires de santé publique.
  - Soutenir l'implication du secteur privé dans la formation des ressources humaines dans le domaine de la santé.

L'évaluation de ce pays fait partie d'un ensemble d'études planifiées et prévues afin de fournir une meilleure compréhension de la façon d'améliorer l'environnement des affaires au sein duquel le secteur de la santé intervient au Burkina-Faso et dans les autres pays africains. L'étude a été entreprise dans le but d'établir une base des objectifs d'évaluation pour aider la décision politique et fournir des renseignements aussi bien sur le marché d'actions que sur le marché obligataire.

Alexander S. Preker
Rédacteur de la série
Chargé de l'analyse des politiques du secteur de la santé et des investissements
Services de conseil sur le climat de l'investissement
Groupe de la Banque Mondiale

# Préface en anglais

The objectives of this evaluation of the private health sector in Burkina Faso are to (a) determine what role the private sector plays in the national health system, (b) formulate a diagnosis of the nature and effectiveness of the interface between the public and private sectors as well as the legal, regulatory, technical, and human environment in which the sector is evolving, (c) make recommendations to the government, strengthen the dialogue between stakeholders involved in the public and private sectors, and (d) inform entrepreneurs in finance, insurance, investment and underwriters—African or not—about the development of the private health sector in Burkina-Faso and awaken their interest in participating in it.

## Methodology

The general methodology of the evaluation was to create a participatory process based on work done in workshops and working groups, to facilitate exchanges between stakeholders and to stimulate discussion between the administration, underwriters, and sectoral partners.

The evaluation exercise was spread over 10 months (June 2010–February 2011). It began with an analytical framework consisting of four vertical areas (health care supply, professionals' education, drugs and health care products, insurance, and financing) and one horizontal area (business environment).

The work methodology was based on information obtained in three ways: (a) an analysis of the available documents (laws and regulations, general documents on sectoral policy and strategy, statistical yearbooks, industry-specific studies and surveys, and the like); (b) in-depth interviews and focus groups organized with service providers involved in the four vertical analytical areas studied; (c) a survey by the consultant of a sample of 79 private health care establishments (Établissements sanitaires privés de soins, ESPSs) representing their diverse operating structures and contexts (including geographic), using a stratified two-stage sampling; and (d) the organization of three workshops with representatives of the public and private sectors to present the evaluation methodology, discuss its key findings, identify key challenges, and develop an action plan to better integrate the private sector in Burkina Faso's health system and improve health outcomes.

## Main Findings

### Health Care Supply

- Burkina Faso's 382 functional ESPS account for about 20 % of the country's health facilities. These, mainly small, organizations deliver mostly first- and second-level services. To the extent that no private care is available at tertiary level, the technical platforms of ESPS hospitals match those typically found at the second level of care, although some of them offer a wider range of second-level services than available in the public sector. Private beds represent less than 15 % of total hospital beds in the country.

- This private provision of care is highly concentrated in Ouagadougou and, to a lesser extent, in Bobo Dioulasso. Nearly 20 % of the private establishments operate without authorization (8 % of for-profit facilities and 32 % of nonprofit institutions).
- The ESPSs employ about 1,800 people, a third of them contractors (mostly doctors from the public sector).
- Information about the nature and volume of activities is almost nonexistent. Consequently, the role played by the private health care sector is difficult to measure, just as service quality is difficult to assess.
- According to a study conducted by the Ministry of Health in 2005, 13 % of the people seeking health care go to ESPSs. They are used by people from ever population group. The utilization rate of the richest quintile (18 %) is twice as higher as the poorest quintile's (9 %). Indeed, given their fees and geographical distribution, ESPS target a mainly urban and relatively wealthy clientele.
- ESPS are marginally integrated in district and health region delivery of health care. Their participation in priority public health programs is scant. In addition, there are precious few examples of public-private partnerships to date.

### Education and Training

- Training of health care professionals remains the prerogative of the public sector. Private training supply, concentrated exclusively in Ouagadougou, has only just begun.
- Private schools offer a wide range of introductory training, but its quality is likely uneven.
- The main constraints on private training institutions are: the lack of vision and little incentive from the State; limited access to bank loans, the narrowness of the teaching pool (major role played by freelance workers from the public sector); difficulties finding internships; the fragile institutional financial viability, which forces them to raise tuitions.
- Private provision is available only for introductory training, but, a significant proportion of professionals working in private health care establishments benefits from ongoing training;
- A meaningful analysis of the situation of professional education and training in Burkina Faso requires a thorough examination of the role health sector stakeholders as a group intend to entrust to the private sector.

### Medicines and Health-Related Products

- Lacking any local drug manufacturing, the private market is exclusively an import market.
- It includes: (a) a nonprofit wholesale importer (CAMEG) that supplies public health facilities, representing 48 % of the total market value of sales (24.3billion CFA francs) and (b) eight for-profit wholesale importers that supply private pharmacies, representing 52 % of the total market value of sales (26.4 billion CFA francs).
- The illicit drug market is important and concerns both operators (it is a restraint on competition) and administration (iatrogenic diseases and outbreaks of drug-resistance).

- The for-profit segment distributes mainly generic brand products and specialty drugs, and the nonprofit segment distributes exclusively essential generics.
- Selling prices of medicines are set identically in the profit and nonprofit segments by application on the purchase price, of ad valorem margin;
- The selling prices of the nonprofits are three times lower on average than those of the for-profits. The for-profits' selling prices are beyond the purchasing power of the general population. Since 2001 the CAMEG and 167 private pharmacies in the country have been in a partnership for the sale of cheap essential generic drugs to the public.

## Insurance and Financing

- There is no national health insurance. As an offset, the state has instituted certain free health interventions (vaccination, ANC, leprosy, tuberculosis, HIV/AIDS, etc.) and has introduced targeted subsidies (SONU, ITNs).
- The absence of a national health insurance system is reflected in the fact that only 4 % of the population benefits from partial coverage of health risks (private insurance or employers).
- The majority of patients seeking care at ESPSs have some type of health coverage.
- An ambitious AMU project currently under design will probably not materialize for several years. It is based on Mandatory Health Insurance (salaried workers) and on Voluntary Health Insurance (nonsalaried workers in the formal and informal sectors).
- National health expenditures amounted to 254 billion CFA francs (18 000 FCFA per person) in 2008. The largest contributors to this expenditure are households (38 %) that come before the State (31 %) and other funding sources (technical and financial partners, civil society, private sector, etc.).
- National health spending goes into three main items: drugs (29 %), disease prevention for MDGs (23 %), and hospital curative care (22 %).
- The private share of health expenditure is less than 20 % of total expenditure (40.8 billion FCFA, CFAF 3,500 per individual). Nearly 70 % of this expenditure relates to drugs (28 billion FCFA, CFAF 2,000 per individual).

## Environment

- The assimilation into a business should be reviewed for the exercise of all health-related professions and procedures for requesting authorization to open an ESPS. The legislative and regulatory framework is fairly complete but needs to be updated and harmonized. The texts are also poorly applied or not applied at all.
- The imperfect application of existing regulatory framework is an obstacle to the harmonious development of the private health sector; it will be necessary to strengthen the control and inspection structures and the bodies representing relevant professions.
- The Labour Code in force is quite favorable to workers; it requires employers to enroll their salaried staff with the Caisse Nationale de Securité Sociale.

▨ The private health sector is of interest for commercial banks as long as they see it as a reservoir of relatively safe and profitable operations within a growing market.

▨ That logic is strictly commercial: good business prospects and minimized risks. Therefore the proposed products are relatively expensive (>10). There are no suitable fiscal arrangements (subsidies, tax breaks, financing support mechanism) for easy installation or extension of ESPS and their access to bank loan is very limited;

▨ Local banks are mainly interested in traditional consumer and commercial loans and savings accounts. They are less interested in taking risk by investing in new and more risky business lines such as health care. Such businesses therefore have difficulties accessing traditional credit lines. Competition exists, but it does not seem to induce lower credit costs.

▨ In 2011, Burkina Faso ranked 150 in the 183-country reference sample of ease of *Doing Business.*

▨ To streamline the tax system and raise the tax ratio to 17 % of GDP, since 2008 the government has been committed to a major reform that led to the drafting of a series of laws in 2010.

▨ The tax system is perceived negatively by professionals (EAPS survey 2010) in terms of the number of taxes to pay and ignorance about the method of determining taxes.

## Priority Paths and Work

▨ Framework for dialogue and information exchange:
  • Revision of the framework for public-private dialogue established by the Ministry of Health for a greater participation of all private health sector components
  • Establishment of a reliable information system to monitor the private sector's role in the health system and its better integration into the priority public health programs
  • Access by both the ESPSs and the public health facilities to useful information for the implementation of activities and public health programs promoted and controlled by health authorities at the central and decentralized levels.

▨ Business environment:
  • Updating and harmonization of the legal and regulatory framework and strengthening of the institutions responsible for regulation
  • Fight against the illicit drug market and adoption of measures to facilitate private sector access to controlled medical products, including anesthetics and narcotics
  • Easy access to bank loans and to leasing, and improvement in private developers' ability to develop quality business plans and to encourage the installation of new private developers, especially in the provinces
  • Participation of private health sector representatives on the steering committee for national health insurance.

▨ Public-private partnerships:
  • Eliminate the still widespread mistrust of the private sector among public health sector actors, which limits the possibilities for developing PPPs

- Work toward better alignment of private health care providers' with the policy directions set by the Ministry of Health, including the establishment of financial arrangements necessary for the private operators' effective participation in public health services and the implementation of major public health goals.

## The Action Plan Adopted

The action plan resulting from the participatory working groups at the workshops and proposed to the Government is divided along three axes:

- Axis A: Strategic framework and policy dialogue
  - Improve communication between the public and private sectors;
  - Enhance private sector participation in policy dialogue.
- Axis B: Business environment
  - Control/regulation: (a) strengthen the regulatory framework and its implementation; (b)reduce the illicit drug market and other health-related products, and (c) improve the supply of anesthetics and narcotics in health care facilities in the private sector;
  - Access to capital and facilitation measures: (a) improve access for developers to finance; (b) provide incentives for setting up in the provinces;
  - Subsidize demand/insurance: expand health risk coverage.
- Axis C: Develop concrete initiatives for public-private partnerships
  - Strengthen private sector involvement in public health priority interventions;
  - Support private sector involvement in the training people for professional careers in health.

This country assessment is part of a set of studies planned in order to provide a better understanding of how to improve the business environment in which the private health sector operates in Burkina-Faso and other African countries. The assessment was conducted in order to establish a baseline of information, to help with political decision-making, and to provide market information.

Alexander S. Preker
Series Editor
Head, Health Care Sector Policy and Investment Analysis
Investment Climate Consulting Services
World Bank Group

# Remerciements

Nous souhaitons remercier toutes les personnes qui ont contribué au recueil des données, à l'analyse de celles-ci et à la rédaction du présent rapport.

Le consultant adresse ses plus vifs remerciements à l'ensemble des membres du Comité de pilotage de l'étude.

En outre, le consultant souhaite tout particulièrement remercier pour la qualité de leur collaboration : le Dr Karim Bande (Directeur du Sous-secteur sanitaire privé), Mme Arlette Sanou (Directrice générale des hôpitaux et du Sous-secteur privé), le Pr Adama Traoré (Ministre de la Santé, alors Secrétaire général), le Dr Romaric Some (Directeur des études et de la planification), le Dr Jean-Baptiste Ouedraogo (Président de l'Association des promoteurs des cliniques privées), le Dr Ousmane Diadié Haïdara (Spécialiste santé au Bureau pays de la Banque mondiale) et Mme Marie-Odile Waty (alors, spécialiste santé à l'IFC).

Nous sommes également reconnaissants à l'Initiative Santé en Afrique de la Banque mondiale et de la Société Financière Internationale (IFC), qui a parrainé le projet et apporté une contribution technique et des conseils significatifs en plus de son soutien financier. En particulier, nous remercions Marie-Odile Waty, Dr Alexander S. Preker, Dr Khama Rogo et Dr Berthollet B. Kaboru pour leur appui.

Enfin, nous exprimons nos gratitudes au Gouvernement du Burkina Faso pour avoir soutenu activement ce projet et s'être engagé dans le processus d'élaboration et de mise en œuvre de stratégies en vue de renforcer le rôle du secteur privé de la santé.

# Acronymes

| | |
|---|---|
| AIS | Agent Itinérant de santé |
| AMM | Autorisation de mise sur le marché |
| AMO | Assurance maladie obligatoire |
| AMU | Assurance maladie universelle |
| AMV | Assurance maladie volontaire |
| APD | Aide publique au développement |
| CAMEG | Centrale d'achat des médicaments essentiels génériques |
| CARFO | Caisse autonome de retraite des fonctionnaires |
| CHU | Centre hospitalier universitaire |
| CM | Centre médical |
| CMA | Centre médical avec antenne chirurgicale |
| CNS | Comptes nationaux de la santé |
| CNSS | Caisse nationale de sécurité sociale |
| CPN | Consultation prénatale |
| CSI | Cabinet de soins infirmiers |
| CSPS | Centre de santé et de promotion sociale |
| DCI | Dénomination commune internationale (nom chimique des médicaments) |
| DDP | Delivered Duty Paid (droits, taxes et fret payés jusqu'a destination) |
| DEP | Direction des études et de la planification |
| DGPML | Direction générale de la pharmacie, du médicament et des laboratoires |
| DRD | Dépôt répartiteur de district |
| DSP | Direction du Sous-secteur sanitaire privé |
| EAPS 2010 | Enquête du consultant auprès des prestataires de soins |
| EBCVM | Enquête burkinabé sur les conditions de vie des ménages |
| EDS | Enquête démographique et de santé |
| ENSP | École nationale de santé publique |
| ESPS | Établissement sanitaire privé de soins |
| IB | Infirmier breveté |
| IDE | Infirmier diplômé d'État |
| IFC | Société financière internationale |
| IMF | Institutions de micro-finance |
| IMS | Intercontinental Marketing Services – Health |
| IST | Infections sexuellement transmissibles |
| LNME | Liste nationale des médicaments essentiels |
| MEG | Médicament essentiel générique |
| MESSR | Ministère des Enseignements Secondaire, Supérieur et de la Recherche Scientifique |
| MSP | Ministère de la santé publique |
| OMD | Objectifs du Millénaire pour le développement |
| OST | Office de santé des travailleurs |
| PAMAC | Programme d'appui au monde associatif communautaire |

| | |
|---|---|
| PGHT | Prix grossiste hors taxes |
| PNDS | Plan national de développement sanitaire |
| PPP | Partenariat public-privé |
| PTF | Partenaire technique et financier |
| RGPH | Recensement général de la population et de l'habitation |
| SA | Société anonyme |
| Sarl | Société à risques limités |
| SF | Sage-femme |
| SMIG | Salaire interprofessionnel minimum garanti |
| SONU | Soins obstétricaux et néonataux d'urgence |
| TB | Tuberculose |
| TEC | Tarif extérieur commun |
| UEMOA | Union économique et monétaire ouest-africaine |

# CHAPITRE 1

# Méthodologie

## Objectifs de l'évaluation

La présente évaluation du secteur sanitaire privé au Burkina Faso est ciblée sur le cadre politique et l'environnement de travail affectant la fourniture, la demande, la qualité, les prix et l'équilibre du marché pour les produits et services de soins de santé.

Elle a les objectifs principaux suivants :

- Déterminer le rôle que le secteur sanitaire privé joue dans le système national de santé ;
- Diagnostiquer la nature et l'efficacité de l'interface entre les secteurs public et privé, ainsi que les cadres juridique, réglementaire, technique et humain dans lequel évolue ce secteur ;
- Formuler des recommandations détaillées au Gouvernement, portant sur les moyens permettant de mobiliser plus efficacement le secteur sanitaire privé pour qu'il contribue davantage aux objectifs nationaux de santé[1], et de renforcer sa collaboration avec le secteur public ;
- Renforcer le dialogue entre les parties prenantes impliquées dans les secteurs public et privé, en organisant des ateliers de travail leur permettant de convenir de la méthode et du diagnostic de l'étude ainsi que des recommandations prioritaires qui seront formulées et du programme d'action qui en découlera ;
- Informer les entrepreneurs de la finance, de l'assurance, de l'investissement et les opérateurs, africains ou non, à participer au développement du secteur privé de la santé au Burkina Faso et susciter leur intérêt à cet égard.

## Approche méthodologique

L'évaluation a eu lieu dans l'esprit général de créer un processus participatif dans lequel le consultant avait pour mission de procéder à une analyse du secteur sanitaire privé, d'en présenter les principaux constats et de faciliter les échanges entre les parties prenantes pour susciter des discussions entre l'administration, les opérateurs et les partenaires du secteur (figure 1.1).

L'évaluation a été pilotée par un comité[2] dont le rôle était de guider le processus d'évaluation, d'en assurer le bon déroulement, de fournir un cadre pour la mobilisation des parties prenantes des secteurs sanitaires public et privé de façon à faciliter le dialogue entre elles, leur permettre de s'approprier les conclusions de l'analyse et ses recommandations et développer la collaboration de toutes les parties. Le comité a, par ailleurs, appuyé le consultant pour : identifier la documentation ad hoc ainsi que les interlocuteurs clés et valider les outils méthodologiques développés (échantillon des ESPS auprès desquels enquêter et questionnaires, notamment).

**Figure 1.1. Démarche générale de l'évaluation**

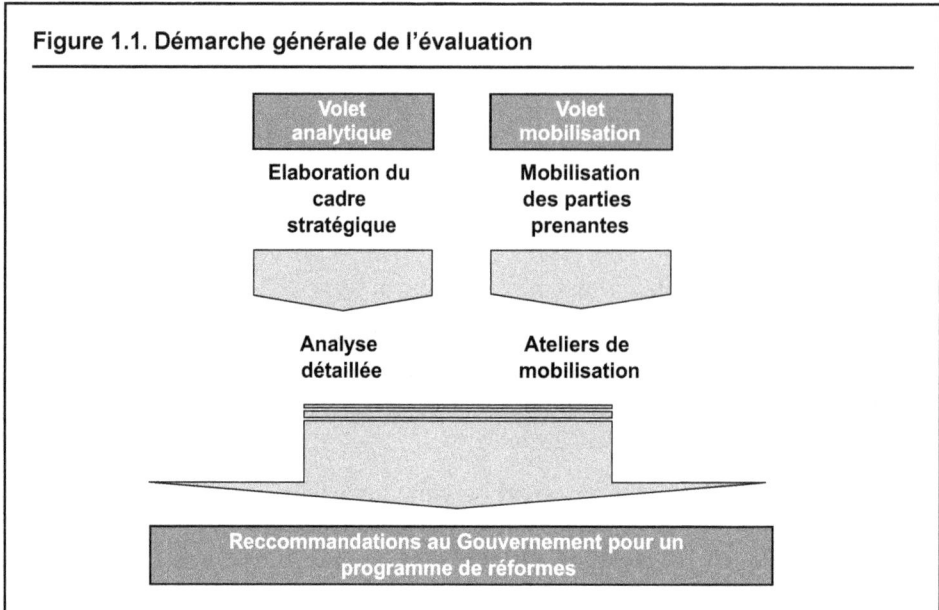

*Source :* Auteurs.

Le consultant a réalisé sa mission en étroite collaboration avec la Direction du Sous-secteur sanitaire privé (DSP) du Ministère de la santé et en coopération avec le Comité de pilotage et le Groupe de la Banque mondiale (IFC et Banque mondiale). Il s'est attaché, à toutes les étapes de son travail, d'associer les parties prenantes impliquées dans la problématique.

### Volet analytique

Ce volet a pour objectifs : *a*) de déterminer le rôle joué par le secteur sanitaire privé (par rapport à celui joué par le secteur public) ; *b*) d'identifier dans quels domaines le secteur privé pourrait apporter une plus large contribution aux objectifs sectoriels de santé exprimés dans les PNDS ; et *c*) d'identifier les obstacles et les contraintes auxquels est confronté le secteur sanitaire privé en précisant comment ces obstacles et contraintes pourraient être éliminés.

La démarche d'analyse a suivi un processus logique comprenant trois étapes : *a*) élaborer un cadre d'analyse permettant de couvrir les différentes catégories d'informations disponibles sur la problématique ; *b*) procéder, à l'aide de ce cadre d'analyse, à une collecte des données (documentation, entretiens avec les parties prenantes et enquête auprès des prestataires de soins) et à une analyse globale permettant de dresser un constat reflétant, aussi fidèlement que possible, la réalité observée dans toute sa diversité ; et *c*) proposer au Gouvernement, sur la base des conclusions de l'analyse, une série de recommandations devant aboutir à l'élaboration d'un plan d'action qui devrait être mis en œuvre dans le cadre du PNDS.

### A. Élaboration du cadre d'analyse

L'analyse a été réalisée à l'aide d'une grille croisant les quatre domaines fondamentaux de la production de produits et services de soins de santé (offre de soins, formation des professionnels, médicaments et produits de santé, et assurance et financement), avec six thématiques fondamentales : *a*) typologie et répartition des structures et des acteurs ; *b*) inventaire des ressources techniques, humaines et financières disponibles ; *c*) production du secteur sanitaire privé (nature, volume, prix, qualité) ; *d*) localisation, profil socioéconomique et motivation des utilisateurs ; *e*) complémentarité/partenariat avec le secteur public ; et *f*) environnement (cadre réglementaire, fiscalité, solvabilité de la demande et accès aux financements).

Un grand nombre d'éléments de la thématique « environnement » sont communs aux quatre domaines (fiscalité, droits et taxes douaniers, crédit bancaire, droit du travail et relations avec l'administration notamment). Ainsi, pour faciliter la lecture et l'interprétation des résultats obtenus, les informations correspondantes sont, à l'exception de l'aspect « réglementation », présentées de façon transversale sur le même plan que les quatre domaines précités (figure 1.2).

---

**Figure 1.2. Grille d'analyse**

|  | Offre de soins | Formation | Médicaments & produit de santé | Assurance et financement | Environnement & contraintes |
|---|---|---|---|---|---|
| Typologie et répartition des structures et des acteurs |  |  |  |  |  |
| Inventaire des ressources disponibles |  |  |  |  |  |
| Production |  |  |  |  |  |
| Utilisateurs |  |  |  |  |  |
| Complémentarité public/privé |  |  |  |  |  |
| Environnement & contraintes |  |  |  |  |  |

*Source :* Auteurs.

---

Cette grille, discutée et validée lors du premier atelier, a permis de recueillir des informations sur l'ensemble des aspects devant être pris en compte pour apporter des réponses claires aux questions clés posées par l'évaluation :

- Quel est le rôle actuel joué par le secteur privé par rapport au secteur public ?
- Dans quels domaines le secteur privé peut-il et doit-il apporter une plus grande contribution aux objectifs sectoriels ?
- Quels sont les obstacles et les contraintes auxquels ce secteur est confronté ?
- Comment ces obstacles et contraintes peuvent-ils être levés ?

B. Collecte et analyse des données

L'analyse s'est appuyée sur des informations obtenues selon trois modalités (figure 1.3):

**Figure 1.3. Schéma général du processus d'analyse**

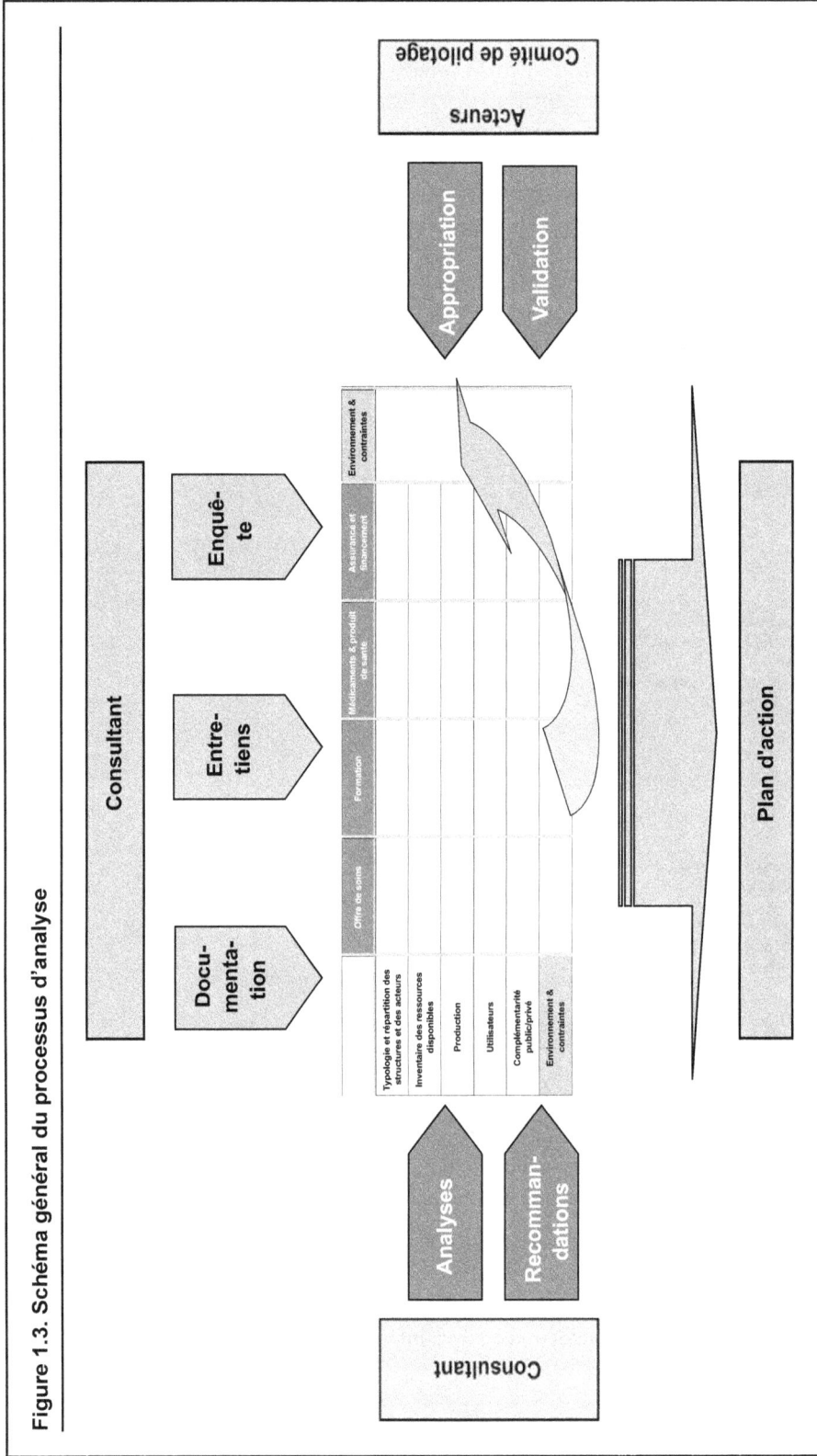

- ▨ Une analyse documentaire : Le *corpus* documentaire comprend : des textes législatifs et réglementaires relatifs au secteur sanitaire privé (dispositions générales, réglementation, normes, exercice professionnel etc.), des documents généraux relatifs à la politique et la stratégie sectorielles, des annuaires statistiques, des études et enquêtes sectorielles spécifiques, etc. (voir « Bibliographie»).

- ▨ Des entretiens approfondis et des « *focus groups* ». Ils ont été organisés avec des prestataires choisis *intuitu personae* ou représentatifs des différents corps et professions (instances ordinales, syndicats professionnels) impliqués dans les domaines d'analyse investigués.

- ▨ Une enquête a été réalisée par le consultant, ci-après intitulée « Enquête auprès des prestataires de soins privés » (Enquête EAPS 2010). Elle a été conduite auprès d'un échantillon de 79 ESPS représentatifs de la diversité des structures existantes et des contextes (géographiques notamment) dans lesquels ils interviennent, sur la base d'un sondage stratifié à deux degrés[3] (voir tableau 1.1). Les 11 catégories d'ESPS inclus dans l'échantillon ont été scindées en deux groupes : les ESPS non hospitaliers (groupe 1) et les ESPS hospitaliers (groupe 2). Les questionnaires d'enquête ont été dressés autour d'une trame commune comprenant 15 sections, de façon à restituer les informations relatives aux six thématiques identifiées dans la méthodologie (voir figure 1.4). Cependant, pour tenir compte de la spécificité de chaque catégorie d'ESPS et faciliter la tâche des enquêteurs, les questionnaires ont été adaptés aux caractéristiques propres des établissements auxquels ils s'adressent.

## Tableau 1.1. Échantillon des ESPS enquêtés[4]

|  | Statut | Nombre | % | Nombre | % |
|---|---|---|---|---|---|
| Lucratif | Conventionné | 4 | 8 | 50 | 63 |
|  | Non conventionné | 46 | 92 |  |  |
|  | Urbain | 44 | 88 |  |  |
|  | Rural | 6 | 12 |  |  |
| Confessionnel | Conventionné | 12 | 100 | 12 | 15 |
|  | Non conventionné | 0 | 0 |  |  |
|  | Urbain | 10 | 83 |  |  |
|  | Rural | 2 | 17 |  |  |
| ONG | Conventionné | 17 | 100 | 17 | 22 |
|  | Non conventionné | 0 | 0 |  |  |
|  | Urbain | 15 | 88 |  |  |
|  | Rural | 2 | 12 |  |  |
| Ensemble | Conventionné | 33 | 42 | 79 | 100 |
|  | Non conventionné | 46 | 58 |  |  |
|  | Urbain | 69 | 87 |  |  |
|  | Rural | 10 | 13 |  |  |
| Ensemble |  | 79 | 100 |  |  |

*Source :* Enquête EAPS 2010.

## Figure 1.4. Structure des questionnaires d'enquête

| | |
|---|---|
| Section 1: | Identification de l'enquêteur |
| Section 2: | Identification de l'établissement |
| Section 3: | Caractéristiques de l'établissement |
| Section 4: | Etat des bâtiments |
| Section 5: | Activité capacité et Equipements |
| Sous Section 5.1: | Services disponibles |
| Sous Section 5.2: | Capacité des services |
| Sous Section 5.3: | Equipements et consommables |
| Section 6: | Ressources humaines |
| Section 7: | Activité pour la période 2009 |
| Section 8: | Parcours thérapeutique des patients |
| Section 9: | Aspects financiers |
| Sous Section 9.1: | Tarifs et paiemants par les patients |
| Sous Section 9.2: | Fiscalité |
| Sous Section 9.3: | Financement de l'installation |
| Section 10: | Gestion |
| Section 11: | Projet d'extension d'activité |
| Section 12: | Relation avec les fournisseurs |
| Section 13: | Concurrence |
| Section 14: | Relation avec le secteur public |
| Sous Section 14.1: | Cadre réglementaire |
| Sous Section 14.2: | Partenariat public privé |
| Section 15: | Formation du personnel |

*Source :* Enquête EAPS 2010.

## C. Développement de réformes

Phase finale du processus d'analyse, les pistes de réformes et le plan d'action proposés répondent à trois préoccupations comme suit : *a*) améliorer le dialogue et l'interface entre les secteurs public et privé ; *b*) créer un climat propice à promouvoir l'investissement dans le secteur privé ; et *c*) créer des opportunités concrètes de collaboration entre les deux secteurs afin d'améliorer de façon équitable la disponibilité de soins et services de santé de qualité et efficients.

Ces recommandations ont été élaborées sur la base des analyses réalisées par le consultant. Elles ont été discutées et traduites en axes stratégiques prioritaires présentés sous forme d'une ébauche de plan d'action au cours du deuxième atelier. Cette ébauche de plan d'action a ensuite été affinée et validée par le Comité de pilotage. Le Plan d'action a été finalisé lors du troisième atelier de façon à être mis en cohérence avec la dynamique du PNDS auquel il devra être intégré.

### Volet mobilisation

Ce volet comprend une série de trois ateliers bornant le processus d'évaluation : « pré-évaluation », « élaboration de la stratégie » et « finalisation de la stratégie» (figure 1.5).

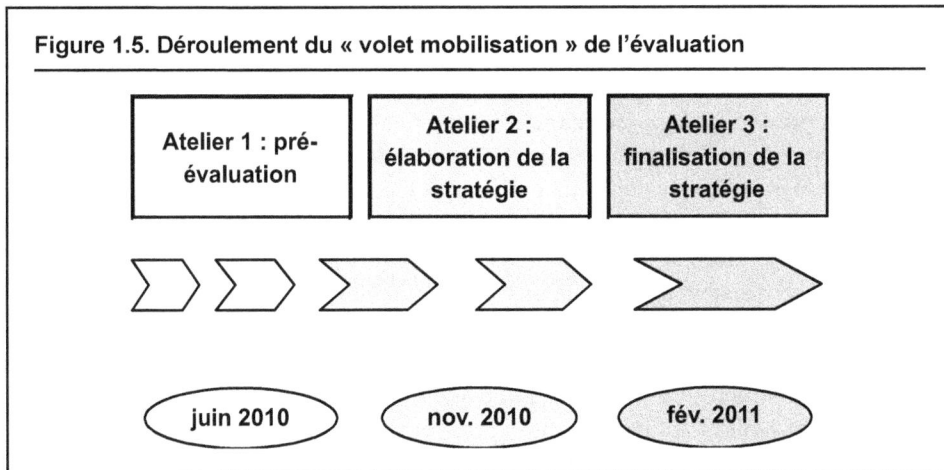

Figure 1.5. Déroulement du « volet mobilisation » de l'évaluation

*Source :* Auteurs.

## A. Atelier de pré-évaluation

Cet atelier d'une journée a réuni une cinquantaine de participants des secteurs public et privé. Il a permis : *a*) de présenter et de valider la méthodologie de l'évaluation ; *b*) d'affiner le champ des problématiques étudiées et de mieux appréhender les enjeux pour les acteurs du secteur privé ; *c*) d'identifier les sources d'information correspondant aux thématiques développées dans la méthodologie ; et *d*) d'initier un processus participatif pour le renforcement du rôle du secteur privé dans le domaine de la santé.

La journée de l'atelier a été consacrée à : *a*) présenter les objectifs de l'évaluation ; *b*) discuter et valider la démarche et les résultats escomptés de l'évaluation ; *c*) présenter une série d'exposés sur différents aspects du secteur privé de la santé au Burkina Faso ; *d*) discuter sur cette base, en travaux de groupes et en plénière, les principales opportunités et contraintes pour le secteur privé.

## B. Atelier d'élaboration de la stratégie

Ce deuxième atelier, d'une durée de deux jours, a réuni une soixantaine de participants. Il avait pour objectifs : a) de présenter et discuter les premiers constats de l'évaluation ainsi que les principaux obstacles qui limitent la contribution du secteur privé à la réalisation des objectifs nationaux de santé publique ; b) de discuter de possibles pistes d'intervention et d'ébaucher un plan d'action ; et c) de poursuivre la mobilisation des parties prenantes.

La première journée a été consacrée à : a) présenter les résultats de l'évaluation et les principaux constats ; b) organiser, sur la base de ces éléments, des discussions et des débats en séance plénière et en travaux de groupes ; et c) dégager, puis adopter, de façon consensuelle, une série de cinq à six enjeux prioritaires.

La seconde journée a été consacrée à présenter et discuter les enjeux prioritaires, à définir les pistes d'intervention répondant à ces enjeux et à identifier les stratégies d'intervention correspondantes en élaborant une ébauche de plan d'action.

## C. Atelier de finalisation de la stratégie

Ce troisième atelier d'une durée de deux jours a réuni une soixantaine de participants. Il avait pour objectifs : a) de présenter le plan d'action validé par le Comité de pilotage sur la base des propositions élaborées lors du second atelier ; b) de préciser les modalités et conditions pratiques d'exécution du plan d'action ; c) d'identifier les besoins en assistance technique et en appui pour son exécution (notamment à travers une articulation avec le futur projet d'appui au secteur de la santé financé par la Banque mondiale, et des appuis qui pourraient être apportés par l'IFC) ; et d) de présenter le plan d'action finalisé au Gouvernement et à ses principaux partenaires techniques et financiers.

La première journée a débuté par une présentation et une discussion du Plan d'action adopté par le Comité de pilotage sur la base des propositions issues du second atelier. Ont suivi des travaux de groupes visant à détailler et préciser les modalités d'exécution du plan d'action.

La matinée de la seconde journée a permis aux groupes de travail de mettre en commun leurs propositions, de les discuter et d'aboutir à l'adoption d'un Plan d'action détaillé et finalisé (voir chapitre 4). Dans l'après-midi, ce Plan d'action a été présenté au Gouvernement, en présence du Ministre de la santé et du Ministre du commerce.

### Volet développement d'un programme de réformes

Le développement d'un programme de réformes destinées à être intégrées, à terme, dans le PNDS est à la fois l'objectif fondamental et la finalité de l'exercice d'évaluation. Il a été ébauché lors du deuxième atelier (identification d'axes stratégiques prioritaires) et finalisé lors du troisième atelier (formulation du Plan d'action). Les actions prioritaires identifiées ont été classées par ordre de priorité en tenant compte de leur degré de faisabilité politique et administrative et des capacités réformatrices du Ministère de la santé. Elles ont ensuite été regroupées en un seul document présentant pour chacune d'elles : les activités détaillées, l'institution responsable de sa mise en œuvre et les autres intervenants impliqués, les ressources à mobiliser pour sa mise en œuvre et le calendrier d'exécution[5].

Ces recommandations et le Plan d'action correspondant sont organisés en trois axes (voir figure 1.6) :

---

**Figure 1.6. Structure du Plan d'action**

---

**Axe A : Cadre stratégique et dialogue politique**

    A1 - Améliorer la communication entre les secteurs public et privé

    A2 - Renforcer la participation du secteur privé au dialogue stratégique

**Axe B: Environnement des affaires**

    B1 - Régulation/réglementation

        - Renforcer le cadre réglementaire et son application

        - Réduire le marché illicite du médicament et des autres produits de santé

        - Améliorer l'approvisionnement en anesthésiques et stupéfiants dans les structures de soins du secteur privé

    B2 - Accès au capital et mesures de facilitation

        - Améliorer l'accès des promoteurs aux financements

        - Développement de mesures incitatives pour l'installation en province

    B3 - Solvabiliser la demande/assurances

        - Développer la couverture du risque maladie

**Axe C : Développement d'initiatives concrètes de PPP**

    C1 - Renforcer l'implication du secteur privé dans les interventions prioritaires de santé publique

    C2 - Soutenir l'implication du secteur privé dans la formation des ressources humaines en santé

*Source :* Atelier d'élaboration de la stratégie.

L'appropriation de ce Plan d'action et son intégration aux stratégies et initiatives développées parallèlement pour renforcer le secteur de la santé sont des éléments fondamentaux pour optimiser la portée de l'exercice d'évaluation. À cette fin, une demi-journée entière du troisième atelier a été consacrée à la présentation et à l'explication du Plan d'action aux ministres directement concernés par son exécution[6].

Le suivi de l'exécution du Plan d'action relèvera du Ministère de la santé. Celui-ci devra en particulier : poursuivre la diffusion du Plan d'action, veiller à l'implication effective des différentes parties prenantes, coordonner leurs différentes interventions et faciliter, autant que faire se peut, leurs contributions respectives. La dynamique impulsée par l'évaluation et le dialogue engagé entre les acteurs des sous-secteurs public et privé devrait grandement faciliter ce processus. Par ailleurs, les activités menées dans le cadre du Programme « *Doing Business* » de l'IFC et celles, notamment dans le domaine de l'appui à la mise en place de PPP, qui seront intégrées au projet santé que la Banque mondiale prévoit de financer devraient constituer autant de contributions et d'éléments moteurs pour l'atteinte des objectifs fixés. Ainsi, la poursuite du dialogue entre le Groupe Banque mondiale et le Gouvernement du Burkina Faso est un facteur fondamental pour établir et renforcer les résultats obtenus à l'issue de cet exercice.

## Notes

1. Notamment à travers une intégration dans le PNDS (2011–2015) et dans son plan triennal de mise en œuvre 2011–2013.

2. Ce Comité de pilotage est présidé par le Secrétaire général du Ministère de la santé. Il comprend, entre autres, des représentants du Ministère de la santé et d'autres ministères concernés (finances, éducation, commerce, etc.) et des représentants d'organisations professionnelles du secteur privé.

3. Onze catégories d'établissements à but lucratif et à but non lucratif.

4. Les ESPS conventionnés sont les établissements privés qui ont signé avec le Ministère de la santé une convention qui prévoit leur participation à l'offre 'publique' de soins en échange de la mise à leur disposition d'un certain nombre de personnels de soins de santé.

5. Voir à la section 4 le Plan d'action adopté.

6. Le Ministre de la santé et le Ministre du commerce ont pris part à cette réunion.

# CHAPITRE 2

# Évaluation

## Contexte général

*La libéralisation du marché adoptée en 1991 est un facteur de croissance mais de nombreux progrès restent à accomplir*

La privatisation, en tant que mouvement de désengagement de l'État du secteur productif et de promotion d'une économie fondée sur la croissance par la création d'un environnement plus propice aux investissements et à l'emploi, n'est pas nouvelle au Burkina Faso. Elle a été lancée en 1991, dans le cadre du premier Programme d'ajustement structurel[1] avec trois objectifs principaux[2] :

- Alléger la charge que certaines entreprises représentent pour les finances publiques ;
- Assainir la gestion des entreprises pour améliorer leurs performances économiques et financières ;
- Stimuler l'initiative privée et faire du secteur privé le moteur du développement par l'accroissement de sa contribution dans les secteurs productifs.

La privatisation a tout d'abord concerné des entreprises de production, puis de services, dont l'État était actionnaire unique ou majoritaire. Le secteur de la santé à été, à ce titre, l'un des premiers concernés, avec la privatisation, en 1994, de la SONAPHARM[3] qui était chargée de l'approvisionnement en médicaments des formations sanitaires du secteur public, et jugée défaillante.

Depuis, l'État est engagé dans un processus destiné à faciliter l'insertion d'opérateurs privés dans le tissu économique, par l'adoption d'un train de mesures visant à promouvoir la création d'entreprises, à simplifier et assouplir la fiscalité de celles-ci, à faciliter leur accès au marché des capitaux, à garantir le droit à la propriété des entreprises et du capital, à simplifier la législation du travail, et à développer des partenariats public/privé etc[4]. L'IFC, dans sa publication *Doing Business*[5], suit l'évolution de ces réformes auxquelles elle apporte un soutien depuis 2004.

Malgré l'adoption de plusieurs réformes structurantes[6], le Burkina Faso n'occupait, en 2011, que la 150e place[7] dans le classement effectué par *Doing Business*. En effet, les progrès enregistrés pour chaque critère sont modestes : sur les neuf principaux critères suivis entre 2008 et 2009, le Burkina Faso ne progressait que dans deux d'entre eux (obtention des permis de construire et droits de la propriété), stagnait dans trois d'entre eux (création d'entreprise, paiement des impôts et droit des affaires), et régressait dans quatre d'entre eux (droit du travail, accès au crédit, protection des investissements et commerce régional).

*Le secteur privé, facteur potentiel de développement et d'amélioration de l'offre de soins*

Alors que la population africaine représente 15 % de la population mondiale[8], le continent supporte plus du quart du taux de morbidité mondiale et représente moins de 5 % des dépenses mondiales en soins de santé. Le montant que consacre en moyenne chaque année un individu à sa santé n'atteint pas les 40 dollars américains qui constituent, selon l'OMS, le minimum nécessaire pour assurer des soins de base[9]. Ce sous-financement a des conséquences directes et immédiates sur l'état de santé de la population ; il pèse de façon indirecte et lourdement sur le développement économique nécessaire pour éradiquer la pauvreté et constitue un obstacle à l'indispensable amélioration de la disponibilité et de la qualité des soins.

Dans les pays de la sous-région, les États, avec l'aide des PTF, restent la première source de financement des systèmes de soins de santé en matière de fonctionnement et d'investissement. Cependant, malgré l'amélioration de leurs économies ces dernières années, leur capacité de financement actuelle n'est pas suffisante pour assurer de front l'amélioration de la couverture et celle de la qualité des soins, et ne leur permettra pas de financer les nouveaux investissements nécessaires pour satisfaire la demande croissante de services de soins de santé durant les prochaines années[10]. Ainsi, dans la plupart des pays d'Afrique de l'Ouest, la population reste le premier contributeur de la dépense en soins de santé[11]. Face à cette situation, le secteur privé est de plus en plus apparu comme un acteur clé du secteur de la santé et une alternative plausible pour relayer les États dans l'offre de soins et la mise en œuvre de stratégies de santé publique prioritaires.

Au Burkina Faso, l'existence d'une offre privée de soins et de médicaments n'est pas récente. Son essor remonte à une vingtaine d'années et son développement s'est accéléré au cours de cette période[12]. Cette phase de développement correspond à la mise en œuvre, dans le pays, d'importantes réformes structurelles portant notamment sur le recentrage du rôle de l'État[13], la libéralisation du marché[14] et l'organisation de la concurrence[15]. Ces réformes avaient été précédées par l'adhésion dès 1990 aux principes de l'Initiative de Bamako et par la création, en 1992, d'une structure de droit privée, chargée de l'approvisionnement en médicaments des formations sanitaires du secteur public[16]. À signaler également l'adoption en 1994 d'une loi hospitalière établissant une claire distinction entre établissements publics et établissements privés[17], la prise en compte du secteur privé dans le PNDS 2001–2010, la création en 2002, au Ministère de la santé de la DSP et l'adoption, en 2005, d'un décret destiné à favoriser l'exercice privé des professionnels de soins de santé[18].

Le secteur privé au Burkina Faso peut donc être aujourd'hui considéré comme un élément constitutif de la dynamique de développement du secteur, notamment dans les domaines où l'État ne dispose pas des moyens techniques ou financiers pour atteindre les objectifs de sa politique de développement sanitaire. Il reste cependant encore fortement minoritaire en termes d'offre de soins et d'importantes réformes structurelles (en termes d'organisation et de financement) seront nécessaires pour obtenir sa pleine participation à l'atteinte des objectifs de la politique sectorielle.

*Le niveau de revenu de la population, facteur limitant la consommation de soins*

La politique macroéconomique actuelle du Burkina Faso s'inscrit dans le cadre d'un accord conclu avec le FMI en 2007 au titre de la Facilité pour la réduction de la pauvreté et la croissance, ce qui a conduit le Gouvernement à s'engager dans la mise en œuvre de réformes structurantes : amélioration de la gestion des finances publiques, mobilisation des recettes fiscales, augmentation de la productivité du secteur du coton, amélioration du climat des affaires. Cependant, la croissance, fortement tirée par le secteur primaire[19], reste encore fragile et fortement dépendante des aléas climatiques et des cours mondiaux de certaines matières premières agricoles (le coton notamment).

La croissance du PIB, en valeur courante, a connu un rythme soutenu[20] ces dix dernières années, mais la situation reste cependant fragile et le pays ne peut se passer de l'aide extérieure pour financer ses investissements et dépenses courantes[21]. En réalité, les performances économiques obtenues masquent, malgré tout, une réalité socio-économique moins favorable :

- La balance commerciale est fortement déficitaire, le poids du secteur informel dans l'économie reste important et, même si le chômage est au cœur des préoccupations politiques, son taux est toujours très élevé (28 % de la population générale en âge de travailler), notamment chez les jeunes[22].
- L'accroissement démographique et l'inflation[23] absorbent une part importante de la croissance du PIB qui a augmenté, en FCFA courants, de plus de plus de 50 % entre 2003 et 2009 (voir figure 2.1).
- Cependant, en termes réels per capita, cette augmentation a été inférieure à 20 %, ce qui correspond à un accroissement annuel moyen de 3 %.

Figure 2.1. Évolution comparée du PIB national à prix courants, du PIB capita à prix constants (indice 100 en 2003)

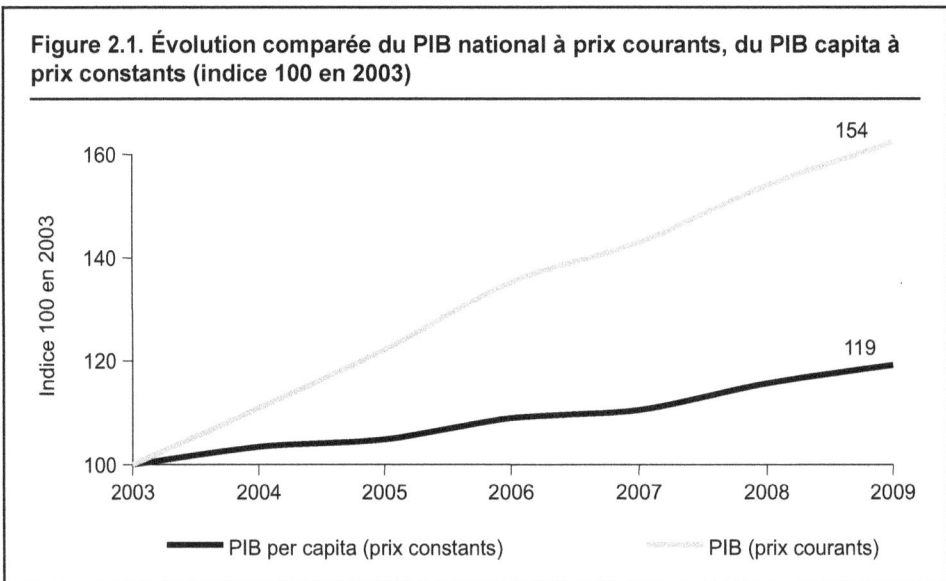

*Source :* World Economic Outlook Database (International Monetary Fund 2009).

▨ Les taux élevés d'analphabétisme (21 % au niveau national et 88 % en milieu rural) et les taux très faibles de fréquentation scolaire (31 % au niveau national et 22 % en milieu rural)[24] maintiennent la population dans une situation de dépendance vis-à-vis de certains comportements socioculturels qui influencent négativement son état de santé[25] et, plus généralement, ne sont pas favorables au développement économique et social.

▨ L'incidence de la pauvreté, les fortes disparités de revenu entre catégories de population ainsi que les prix élevés des prestations et des biens dans le secteur marchand de la santé excluent près des trois quarts de la population de ce secteur[26] ce qui a pour principales conséquences de fortes inégalités concernant les soins de la maladie, un impact négatif sur la productivité au travail et la persistance d'un marché informel voire illicite des soins et du médicament, ainsi que de lourdes conséquences en termes sanitaire et économique.

**Tableau 2.1. Dépenses monétaires des ménages par quintile de revenu, par an et par individu**

| Quintile de revenus | 2003 | | 2009 |
| --- | --- | --- | --- |
| | Valeurs par tranches de dépenses | Valeur médiane | Valeur médiane actualisée |
| Q1 | < 52 440 | n.d. | < 60 367 |
| Q2 | > 52 440  < 74 762 | 63 601 | 73 215 |
| Q3 | > 74 762  < 104 512 | 89 637 | 103 186 |
| Q4 | > 104 512  < 162 100 | 133 306 | 153 456 |
| Q5 | >162 100 | n.d. | > 186 603 |

*Source :* Enquête Burkinabe sur les conditions de vie des ménages (INSD 2003).
*Note :* actualisation des valeurs 2003 par le taux de croissance du PIB 2003-2009 (+15,1 %).

De fait, le PIB per capita, en termes réels en 2009, restait très bas (550 dollars américains, soit 265 000 FCFA). Dans la mesure où le ratio consommation des ménages/PIB est de 70 %, le niveau moyen de dépense annuelle par individu ne représenterait que 400 dollars, soit 185 000 FCFA, ou encore 500 FCFA par jour (voir tableau 2.1), ce qui laisse une marge minime pour les dépenses en soins de santé.

Dans ce contexte, la croissance des dépenses en soins de santé[27] a été proportionnellement plus rapide que celle de la richesse nationale[28] : + 87 % entre 2003 et 2008 contre plus de 44 % (voir figure 2.2), et leur part relative dans le PIB s'est sensiblement appréciée durant la même période, passant de 5,5 % à 6,9 % (CNS 2008), ce qui est supérieur à ce que l'on observe dans certains pays de la sous-région, mais insuffisant pour permettre un niveau satisfaisant de consommation de biens et services pour la majorité de la population.

Ainsi, malgré une quasi double augmentation durant cette période (de 136 milliards de FCFA à 254 milliards de FCFA), le niveau des dépenses annuelles en soins de santé[29] per capita, reste très faible : 18 000 FCFA (environ 20 dollars), dont moins de 20 % sont consacrés au financement de prestations de soins[30] dans le secteur privé.

**Figure 2.2. Croissance comparée du PIB et des dépenses en soins de santé totales et per capita (indice 100 en 2003)**

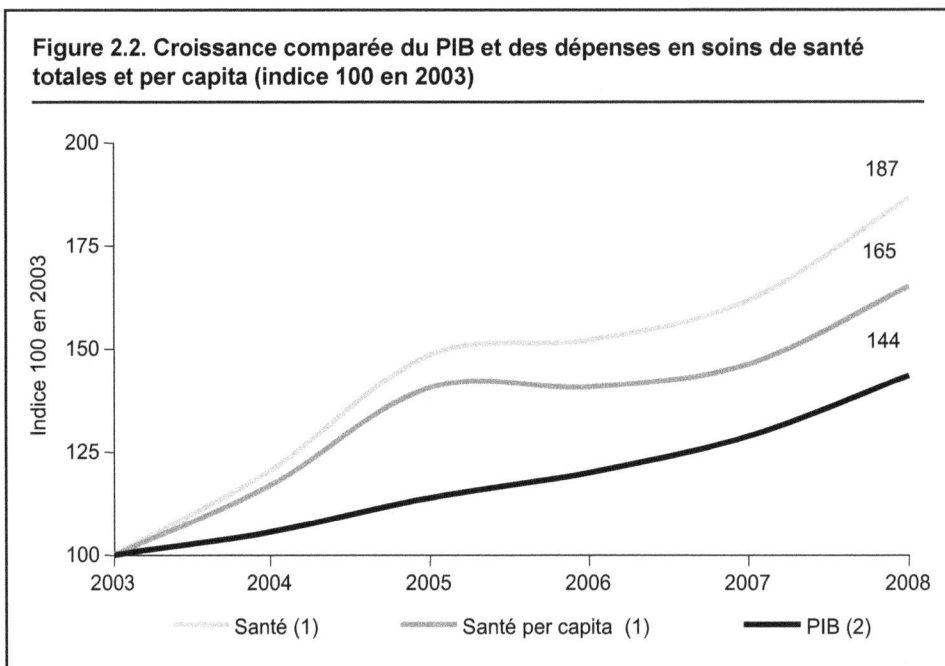

*Sources :* Ministère de la santé (2010), World Economic Outlook Database (IMF 2009).

## Les caractéristiques du secteur de la santé reflètent les niveaux de pauvreté

A. État de santé de la population et profil épidémiologique

En dépit d'une tendance à l'amélioration, la situation sanitaire du Burkina Faso reste caractérisée par des taux de mortalité (générale et spécifique) élevés ; l'importance de la morbi-mortalité materno-infantile ; la prééminence des maladies transmissibles (paludisme, infections respiratoires aiguës, diarrhées infectieuses, tuberculose) auxquelles les enfants paient un très lourd tribut ; et l'émergence de maladies chroniques et de « civilisation »[31]. L'épidémie de VIH/sida est généralisée à l'ensemble du pays mais la prévalence reste faible (voir indicateurs clés).

En 2006, les enquêtes ont fait apparaître un taux brut de mortalité élevé au sein de la population de l'ordre de 11,8 %. La mère et l'enfant constituent les groupes les plus vulnérables. En effet, le ratio de mortalité maternelle était de 484 pour 100 000 naissances vivantes selon l'EDS de 1998. Il est de 307,3 pour 100 000 naissances vivantes selon le RGPH 2006. La mortalité intra-hospitalière des mères est passée de 257 pour 100 000 parturientes en 2004 à 212 pour 100 000 parturientes en 2007, (annuaires statistiques du Ministère de la santé). Selon l'EDS de 2003, la mortalité néonatale est de 31 pour 1 000 naissances vivantes (soit 54 décès de nouveau-nés chaque jour) ; 81 enfants meurent avant leur premier anniversaire (soit 140 décès d'enfants chaque jour) et 184 d'entre eux meurent avant leur cinquième anniversaire.

La dernière enquête démographique et santé[32] révèle un taux d'utilisation des méthodes contraceptives modernes inférieur à 10 %, et à 14 % pour l'ensemble des méthodes. Les méthodes utilisées sont pour la plupart naturelles ou temporaires. L'augmentation du taux de prévalence contraceptive (de 8 % en 1993 à 14 % en 2003) ne s'est pas traduite par un changement du taux de fécondité (passé de 6,5 à 6,2 entre 1993 et 2003) ou du besoin non satisfait de planification familiale qui reste relativement élevé (29 % en 1993 et en 2003). Il est à noter que le taux de fécondité du Burkina Faso, qui est l'un des plus élevés du monde[33], se traduira par une triple, voire quadruple augmentation de la population burkinabé actuelle d'ici à 2050[34]. Une telle poussée démographique représente un énorme défi pour l'atteinte des objectifs de développement que le Gouvernement du Burkina Faso s'est fixés, y compris les Objectifs du Millénaire pour le développement (OMD). C'est la raison pour laquelle le Gouvernement du Burkina Faso a intégré la planification familiale dans les interventions à gain rapide (IGR) et que les services de planification familiale font partie du paquet minimal de soins défini par le Ministère de la santé.

En matière de santé maternelle, le Burkina Faso connaît une situation comparable à celle des autres pays de la sous-région. Le pourcentage de naissances assistées par un personnel de soins de santé qualifié dans l'ensemble de la région a augmenté, passant de 37 % à 44 % pendant la période 1995–2005, ce qui représente l'une des améliorations régionales de la couverture les plus importantes du monde.

Le Bénin, le Burkina Faso, la Côte d'Ivoire et le Togo ont notamment fait des progrès considérables, avec une amélioration de la couverture d'au moins 10 points de pourcentage; aujourd'hui plus de la moitié (54 %) des accouchements au Burkina Faso sont assistés par un personnel soignant qualifié. Les statistiques révèlent toutefois que le manque d'accès aux soins obstétricaux d'urgence reste un grave problème. Dans 15 des 16 pays pour lesquels des données sont disponibles, moins de 5 % des femmes des zones rurales ont subi une césarienne, ce qui indique que de nombreuses femmes des zones rurales n'ont toujours pas accès à cette procédure qui peut leur sauver la vie. C'est en particulier le cas du Burkina Faso où le taux de césarienne en zone rurale est proche de zéro. À l'échelle du pays, la grande majorité (85 %) des femmes enceintes bénéficie au moins d'une consultation prénatale (CPN) mais seulement 18 % d'entre elles ont accès aux quatre CPN recommandées par l'Organisation mondiale de la santé (OMS).

B. Principaux facteurs déterminants de la santé

Les facteurs déterminants les plus importants sont, entre autres, l'environnement social, économique et physique, les facteurs biologiques, les habitudes de vie et capacités d'adaptation, les facteurs démographiques et le système de soins de santé.

Ainsi, la santé des femmes est lourdement affectée par les effets néfastes des facteurs socioculturels tels que l'excision et le mariage précoce. Ces pratiques, qui sont directement responsables de certaines maladies handicapantes telles que les fistules obstétricales, sont la conséquence de l'analphabétisme encore dominant, du statut de la femme et de la pauvreté ambiante.

L'insuffisance d'offre de services spécifiques dans le domaine de la santé de la reproduction au profit des adolescents reste encore responsable de l'état de santé des jeunes filles de15 à 24 ans : il existe de nombreux cas d'avortements provoqués avec souvent des conséquences dramatiques à court ou à long terme[35]. Les jeunes et les adolescents[36] constituent également une population vulnérable en matière d'IST et de VIH/sida en raison des rapports sexuels précoces et non protégés et de la fréquence du multi-partenariat[37]. La consommation d'alcool, de drogue et de tabac n'épargne pas cette frange jeune de la population.

Parmi la population générale, les habitudes de vie caractérisées par une insuffisance des pratiques sportives, un déséquilibre alimentaire, ainsi que la consommation de nombreuses boissons alcooliques souvent non contrôlées, contribue à une augmentation de plus en plus notable des accidents de la route, des maladies cardiovasculaires et des cancers.

L'accès à l'eau potable est encore loin d'être généralisé malgré les efforts déployés dans ce but. En outre, les conditions d'assainissement de base (y compris la pollution) sont relativement précaires aussi bien en zone rurale qu'en zone urbaine et sont responsables de maladies diarrhéiques et parasitaires, notamment parmi la population des enfants de moins de cinq ans. Cette situation est d'autant préjudiciable que cette tranche de la population souffre d'insuffisance pondérale à la naissance et d'un état nutritionnel chroniquement déficitaire.

Le pays a été régulièrement frappé par des flambées épidémiques au cours de la dernière décennie, épidémies qui surviennent généralement dans le premier semestre de chaque année avec le début de l'harmattan pour la méningite cérébro-spinale et la rougeole. La fièvre jaune, quant à elle, est endémique et constitue un risque tout au long de l'année.

## C. Politique nationale de santé

La vision du Gouvernement en matière de santé, la stratégie de développement du secteur mise en œuvre par le Ministère de la santé et les grands principes qui les sous-tendent sont exprimés dans le Plan national de développement sanitaire (qui vient d'être actualisé pour la période 2011-2015). Les principales orientations stratégiques incluses dans le PNDS sont les suivantes :

- Le développement du leadership et de la gouvernance dans le secteur de la santé ;
- L'amélioration des prestations de services de soins de santé ;
- Le développement des ressources humaines pour la santé ;
- Le développement des infrastructures, des équipements et des produits de soins de santé ;
- La promotion de la santé et la lutte contre la maladie ;
- La promotion de la recherche en matière de santé ;
- L'amélioration de la gestion du système d'information sanitaire ;
- L'amélioration de l'accessibilité financière des populations aux services de soins de santé.

Les activités prioritaires que sous-tendent ces orientations stratégiques comprennent notamment des actions telles que la vaccination, le contrôle du paludisme ou l'amélioration de l'accès à des soins maternels et néonataux de qualité, ciblant les besoins de santé publique prioritaire.

Le secteur privé de la santé fait partie intégrante de la vision des autorités sanitaires pour l'amélioration de l'état de santé de la population, et sa prise en compte est exprimée dans les documents de politique et de stratégie récents (voir références au chapitre 7), en particulier dans le PNDS 2006-2010 et à travers la politique nationale de contractualisation dans le système de santé qui a été adoptée en mars 2009.En outre, le plan opérationnel sur trois ans du PNDS 2011-2015 devrait intégrer le plan d'action adopté à l'issue de cette revue.

## Offre de soins

### *Typologie et répartition*

A. Définition des différentes catégories d'établissements

La typologie des ESPS est précisément définie par arrêté interministériel[38] qui distingue cinq catégories d'établissements : établissements de soins, établissements de réadaptation et réhabilitation fonctionnelle, établissements d'aide au diagnostic, établissements de médecine et de pharmacopée traditionnelles et établissements pharmaceutiques.

Chacune de ces catégories comprend plusieurs sous-catégories, qui sont définies comme suit :

- Les établissements de soins comprennent : *a*) les établissements hospitaliers (clinique, polyclinique, centre médical, hôpital) et *b*) les établissements non hospitaliers, eux-mêmes subdivisés en établissements médicaux (cabinet médical et cabinet dentaire) et paramédicaux (CSI), cliniques d'accouchement et centres de santé et de promotion sociale (CSPS) ;
- Les établissements de réadaptation et de réhabilitation fonctionnelle comprennent : *a*) les cabinets de kinésithérapie et de réadaptation fonctionnelle, *b*) les cabinets d'audioprothèse, *c*) les cabinets d'orthophonie, *d*) les ateliers d'appareillages orthopédiques, *e*) les laboratoires de prothèse dentaire, *f*) les cabinets d'opticien lunetier, et *g*) les cabinets de diététique ;
- Les centres d'aide au diagnostic comprennent : *a*) les cabinets d'imagerie médicale, *b*) les laboratoires d'analyses de biologie médicale, *c*) les laboratoires d'anatomie et de cytologie pathologiques, et *d*) les cabinets d'explorations fonctionnelles ;
- Les établissements de médecine et pharmacopée traditionnelle comprennent : *a*) les cabinets de consultations et de soins traditionnels, *b*) les herboristeries, et *c*) les cabinets d'acupuncture ;
- Les établissements pharmaceutiques comprennent : *a*) les établissements pharmaceutiques de préparation, *b*) les établissements pharmaceutiques de distribution en gros, *c*) les pharmacies hospitalières, *d*) les officines pharmaceutiques, et *e*) les dépôts de médicaments.

Pour chacune de ces catégories d'établissement, sont précisés, par texte réglementaire : les capacités dont ils doivent disposer[39] ainsi que leurs missions ou le paquet d'activités qu'ils sont autorisés à fournir. Il convient toutefois de noter que l'existence juridique de ces différents établissements ne signifie pas qu'ils existent tous réellement. Par exemple, il n'existe pas d'hôpitaux privés tels que décrits dans l'arrêté n° 2006/111/MS/MCPEA/MFB[40], et les seuls établissements de soins hospitaliers sont des cliniques, des polycliniques et des CM/CMA. Par ailleurs, parmi les différentes catégories d'établissements de soins, il n'est pas rare que les moyens dont ils disposent réellement et les activités qu'ils pratiquent ne correspondent pas à ceux prévus par les textes.

B. Types d'établissements selon leur statut

Les données du recensement des ESPS réalisé en 2007 révèlent que 340 établissements étaient fonctionnels sur un total de 372 autorisations délivrées[41] (tableau 2.2). Ce chiffre sous-estime peut-être légèrement la réalité actuelle[42]. Les ESPS sont classés en deux grandes catégories selon leur statut : 240 établissements à but lucratif (71 % du total) et

**Tableau 2.2. Établissements privés de soins par statuts**

| Statut des ESPS | n | % |
|---|---|---|
| ESPS à but lucratif | 240 | 71 % |
| ESPS à but non lucratif | 100 | 29 % |
| Dont | | |
| ESPS associatifs | 31 | 9 % |
| ESPS confessionnels | 52 | 15 % |
| ESPS ONG | 17 | 5 % |
| Ensemble | 340 | 100 % |

*Source :* DSP Répertoire des établissements privés de soins au Burkina Faso (Ministère de la santé 2008).

100 établissements à but non lucratif, tenus par des confessions religieuses ou des ONG (29 % du total). Ces derniers sont tenus de signer une convention avec le Ministère de la santé et sont désignés par le terme « conventionné ».

Parmi les établissements conventionnés, la moitié d'entre eux sont de statut confessionnel[43], l'autre moitié appartenant à des associations à base communautaire ou à des ONG (voir tableau 2.2). Le nombre d'établissements publics de soins étant estimé à plus de 1 500 formations sanitaires, on peut raisonnablement estimer que le secteur privé représente environ de 20 % à 25 % de l'offre globale de soins.

C. NATURE ET RÔLE DES ÉTABLISSEMENTS

L'offre privée de soins est principalement constituée de petites structures : les CSI représentent à eux seuls 60 % du nombre total des ESPS (voir figure 2.3).

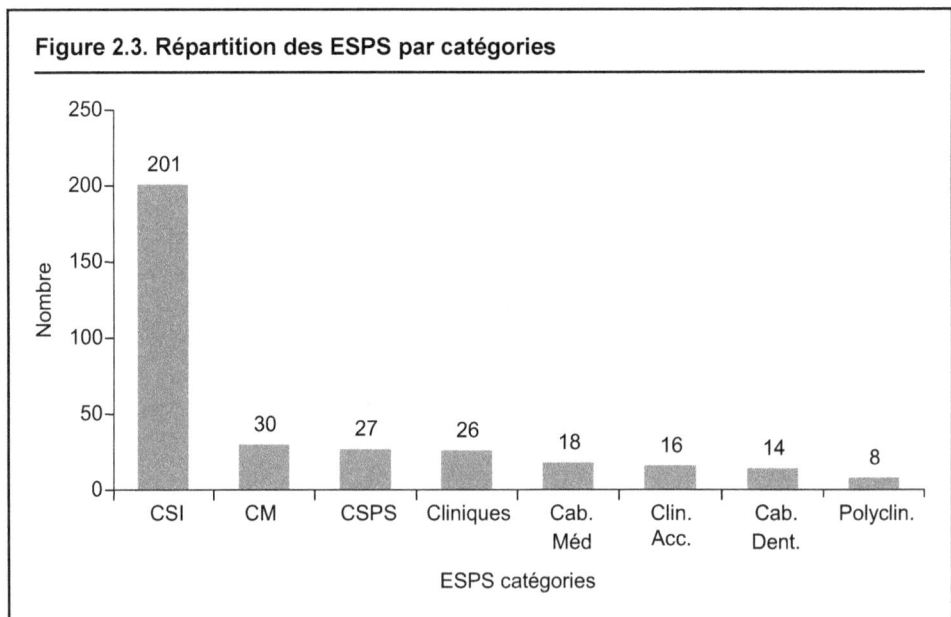

**Figure 2.3. Répartition des ESPS par catégories**

*Source :* Ministère de la santé (2008).

La proportion d'ESPS dans la pyramide sanitaire est très inégale selon les niveaux de soins et leur poids relatif, par rapport à l'offre publique, varie fortement d'un niveau de soins à l'autre. Ainsi, les ESPS n'existent pas au niveau tertiaire, ce niveau de la pyramide sanitaire ne comprenant que les trois CHU. Ainsi, bien que prévue par l'arrêté ministériel de 2006, la catégorie « hôpital privé » n'existe pas au Burkina Faso.

Les ESPS représentent, en revanche, un peu plus de la moitié de l'offre de soins de deuxième niveau (56 %). Enfin, c'est au niveau primaire qu'ils sont les plus nombreux mais, compte de tenu de l'importance du réseau des formations sanitaires publiques de base, ils ne représentent que 19 % des structures de soins de ce niveau à l'échelon national.

D. Répartition géographique des établissements

L'offre privée de soins est très inégalement répartie sur le territoire national : les trois quarts des ESPS sont concentrés dans les deux principales villes du pays: Ouagadougou (54 %) et Bobo Dioulasso (22 %)[44]. On pourrait s'attendre à une relation inverse entre le nombre d'ESPS et l'indice de pauvreté. Or, le rapprochement de la répartition des ESPS avec l'incidence de la pauvreté ne fait pas apparaître de corrélation statistiquement significative (coefficient : -0,42). Les ESPS sont concentrés dans les régions du Centre (54 %) et des Hauts Bassins (22 %), y compris pour les établissements à but non lucratif.

E. Conditions de fonctionnement et conformité

Le recensement du Ministère de la santé effectué en 2007 dénombrait 32 ESPS (9 % du total) non fonctionnels (autrement dit, sans activité). Cette situation peut s'expliquer soit par l'absence momentanée du propriétaire lors du passage des enquêteurs, soit par son décès ou par la non rentabilité de l'établissement. Il est à noter qu'aucun des établissements classés comme non fonctionnels n'avait suivi la procédure de demande et d'autorisation de fermeture.

Près de 20 % des ESPS en activité ne disposent pas d'une autorisation d'ouverture ou d'exploitation Ce phénomène est particulièrement répandu parmi les petites structures. Ainsi, alors que toutes les polycliniques disposent d'une autorisation d'ouverture, un tiers des CM, près d'un tiers des cabinets dentaires et près des deux-tiers des CSPS n'en disposent pas. D'une manière générale, la réglementation tend à être mieux respectée par les ESPS à but lucratif (90 % d'entre eux disposent d'une autorisation d'ouverture) que les ESPS confessionnels (ils ne sont que 50 % dans ce cas) ou par ceux gérés par des associations/ONG (35 % seulement).

Même lorsqu'ils disposent d'une autorisation d'ouverture et d'exploitation, les activités réalisées ne correspondent pas toujours à celles prévues pour le type d'ESPS. De plus, les normes[45] ne sont pas toujours respectées.

*Inventaire des ressources disponibles*

A. Infrastructures et plateaux techniques

L'état des infrastructures des ESPS est très variable d'un établissement à l'autre. Il a été observé au cours de l'enquête EAPS 2010 que, si l'état des infrastructures de base[46] est habituellement satisfaisant, dans un grand nombre d'établissements et ce, quelle que soit la catégorie considérée, certains éléments techniques (système adéquat d'évacuation des eaux usées ou d'élimination des déchets biologiques par exemple) ne sont pas toujours disponibles. Par ailleurs, il n'est pas rare de constater que certains des services prévus dans la définition réglementaire des établissements n'existent pas ou, s'ils existent, ne sont pas fonctionnels.

D'une manière générale, les plateaux techniques des ESPS sont modestes, y compris dans la plupart des ESPS de type hospitalier. Il n'existe pas d'inventaire exhaustif des équipements qui permettrait d'étayer cette affirmation, mais les observations réalisées lors de l'enquête EAPS 2010 vont dans ce sens : les établissements hospitaliers qui disposent d'un scanner sont très peu nombreux[47]; la majorité d'entre eux ne disposent pas de radiologie avec amplificateur de brillance[48] et l'échographie est loin d'être toujours disponible[49]. Néanmoins, cette observation est tout aussi valable pour le secteur public.

Toutefois, certaines polycliniques offrent des prestations de soins qui ne sont pas toujours disponibles dans les CHU (pose de prothèses de hanche, pose de pace makers par exemple). En effet, bien que représentant le sommet de la pyramide sanitaire, les CHU ne sont pas en mesure de fournir l'ensemble des prestations de soins attendus au niveau tertiaire.

### B. Capacité en lits des ESPS

Le nombre exact de lits des ESPS n'est pas connu ; cette information n'ayant pas été relevée lors des inventaires réalisés par le Ministère de la santé. Toutefois, les données disponibles[50] indiquent que la capacité en lits du secteur privé représente environ 15 % du nombre total de lits que compte le système de santé (voir figure 2.4). Le fait que ce pourcentage soit inférieur à celui des établissements privés cité plus haut (20 à 25 %) par rapport au nombre total de structures de soins n'est pas surprenant, compte tenu de la surreprésentation des CSI et des petits établissements.

Figure 2.4. Capacité en lits des établissements de soins par niveau et par statut

| (n lits) | PUBLIC | PRIVE | % PRIVE |
|---|---|---|---|
| Niveau 3 | CHU (1 319) | | 0% |
| | CHR (1 577) | Polycliniques (180) | |
| Niveau 2 | CMA (3 012) | CMA (517) Cliniques (247) | 17% |
| Niveau 1 | CSPS (1 373) | Cab. Medicaux (2) CSPS (17) CSI (147) Cliniques Acct. (28) | 12% |
| Total | 7 281 | 1 138 | 14% |

*Source :* Ministère de la Santé (2009), estimations du consultant.

C. Ressources humaines

Les ESPS emploient près de 1 800 personnes dont 8 % de médecins (143), 37 % d'infirmiers (669), 12 % de sages-femmes et accoucheuses (216), le reste étant composé de personnel peu qualifié. Un arrêté du Ministère de la santé[51] fixe les normes en personnels des différentes catégories d'ESPS. En vertu de ce texte adopté en 2008, les promoteurs ont eu un délai d'un an pour se conformer aux normes établies.

Globalement, environ 62 % des personnels des ESPS sont salariés des établissements, près d'un tiers (30 %) sont vacataires et 8 % sont bénévoles ou stagiaires. La proportion de vacataires tend à être plus importante pour les catégories professionnelles les plus qualifiées[52]. Une grande partie d'entre eux sont salariés dans le secteur public. Cette porosité entre les secteurs public et privé rend difficile l'évaluation des ressources humaines dont disposent les ESPS. Toutefois, à ne considérer que les personnels salariés, les effectifs du privé représentent environ 10 % de ceux du public[53]. Cette proportion aurait tendance à stagner, voire à régresser, du fait de l'augmentation des effectifs des professionnels des soins de santé employés dans le secteur public (voir tableau 2.3) alors qu'il n'y a pas eu, aux dires des représentants du secteur privé, de flux de recrutement comparables dans leurs établissements.

**Tableau 2.3. Évolution des effectifs de personnels de soins de santé dans le secteur public**

|  | 2006 | 2007 | 2008 | 2009 | Δ 2006–2009 |
|---|---|---|---|---|---|
| Médecins | 443 | 441 | 473 | 483 | 9,0 % |
| Pharmaciens | 51 | 65 | 78 | 88 | 72,5 % |
| Infirmiers diplômés d'Etat | 1 695 | 2 338 | 2 575 | 2 757 | 62,7 % |
| Infirmiers Brevetés | 1 575 | 1 924 | 2 170 | 2 348 | 49,1 % |
| Sages femmes d'Etat/Maïeuticiens | 456 | 604 | 697 | 833 | 82,7 % |

*Source :* Ministère de la Santé (2009).

La figure 2.5 présente, par sexe, la proportion de personnels salariés, vacataires et stagiaires dans les établissements privés de soins hospitaliers (groupe 2) et non hospitaliers (groupe 1). Les chiffres présentés reflètent la tendance des ESPS à utiliser des

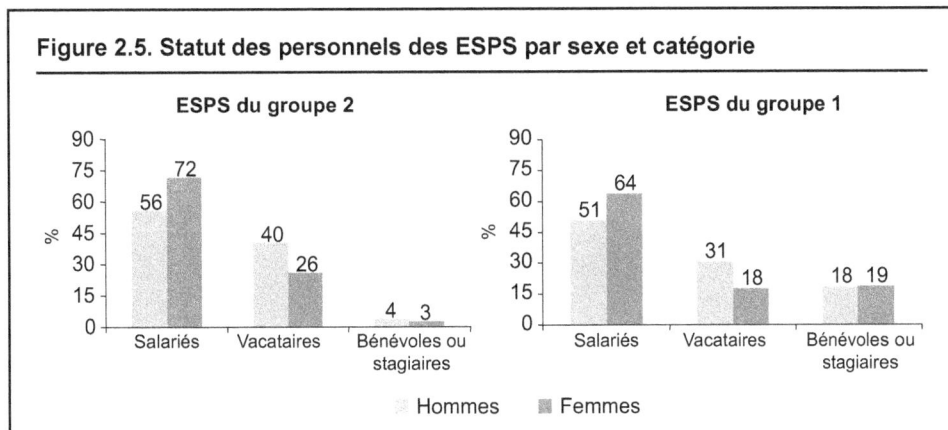

**Figure 2.5. Statut des personnels des ESPS par sexe et catégorie**

*Source :* Enquête EAPS 2010.

professionnels de santé vacataires[54] et à n'employer comme salariés qu'une partie des paramédicaux et les agents les moins qualifiés. Ce recours aux vacataires est d'autant plus marqué que les prestations de soins offertes sont plus sophistiquées et que les établissements sont proches des CHU qui constituent les principaux viviers pour les médecins spécialistes.

La figure 2.6 présente, par sexe, la proportion des principales catégories de professionnels de soins de santé travaillant dans les ESPS hospitaliers (groupe 2). On note un nombre relativement important de médecins par rapport au nombre d'infirmiers (respectivement 24 % et 28 % du total des personnels), ce qui témoigne de l'importance des médecins vacataires et du type de soins privilégiés dans ces établissements (consultations et actes médico-chirurgicaux ponctuels plutôt que des hospitalisations longues ou soins nécessitants un suivi infirmier rapproché ou prolongé). On note également un nombre relativement important de sages-femmes (15 % du total), ce qui témoigne de l'importance de l'activité obstétricale dans ces établissements. Enfin, alors que statutairement, ces établissements se doivent de disposer d'une pharmacie hospitalière, le nombre de pharmaciens dont ils disposent est extrêmement faible (car ces établissements ne disposent pas tous d'une pharmacie et ceux qui en disposent n'ont pas nécessairement de pharmacien responsable). Comme dans le secteur public, les hommes sont surreprésentés parmi les médecins alors que les femmes sont plus nombreuses parmi les paramédicaux (et évidemment parmi les sages-femmes).

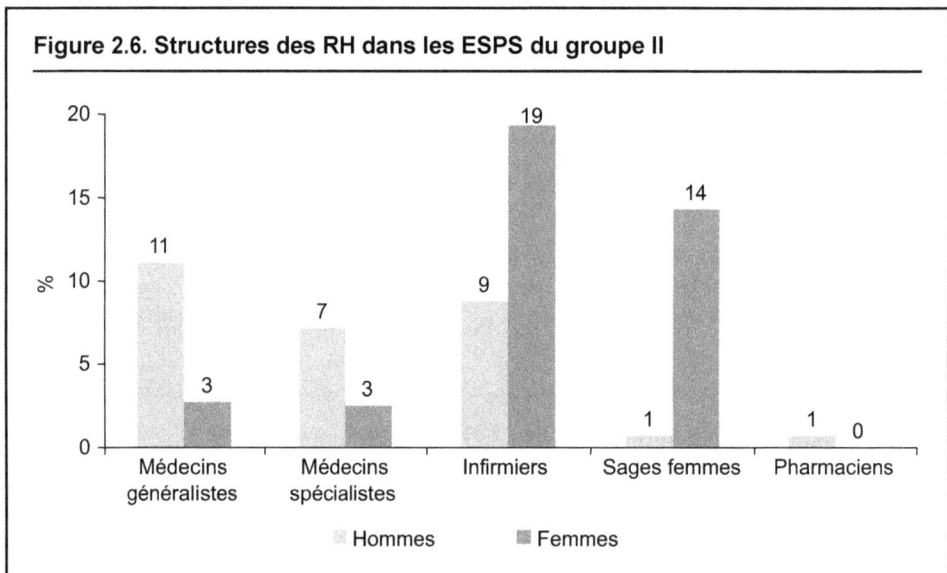

Figure 2.6. Structures des RH dans les ESPS du groupe II

*Source :* Enquête EAPS 2010.

D. Ressources financières

Il existe très peu d'informations disponibles portant sur les chiffres d'affaires et, plus généralement, sur les ressources financières dont disposent les ESPS. L'enquête EAPS 2010 qui comportait des questions précises dans ce domaine n'a pas permis d'obtenir de données quantifiées. Cette difficulté s'explique probablement, d'une part, par la réticence des promoteurs à faire état des recettes de leur établissement et, d'autre part, par la faiblesse des moyens de gestion et des systèmes d'information dont ils disposent.

Il faut noter toutefois que plus de la moitié des promoteurs[55] considèrent leur établissement rentable et qu'environ la moitié d'entre eux estiment avoir fait des bénéfices en 2009[56].

### Caractéristiques des soins fournis

#### A. Nature et volume des actes

Il n'existe pas de données agrégées sur l'activité des ESPS, cette information n'étant pas collectée par le Ministère de la santé et ses démembrements[57]. L'enquête EAPS 2010 a confirmé la difficulté à obtenir des informations précises et quantifiées sur l'activité des ESPS, tant en ce qui concerne la nature des actes que le volume des prestations. Cette limite est liée à l'absence, dans l'immense majorité des établissements sujets à enquête, de systèmes d'information, de nomenclature des actes et parfois même de registres. Cette absence d'information n'est probablement pas sans rapport avec le souci de certains promoteurs (signalé au paragraphe précédent) de ne pas faire apparaître trop clairement leur chiffre d'affaire. Faute de données chiffrées sur l'activité des ESPS il n'est malheureusement pas possible de situer le rôle qu'ils jouent par rapport à celui des formations sanitaires publiques en matière de fourniture de services de soins de santé à la population.

Néanmoins, nos observations permettent de penser que les volumes d'activité sont très variables d'un ESPS à l'autre et qu'ils suivent, de façon globale, une tendance à la hausse. Ainsi, parmi les promoteurs d'ESPS interrogés dans le cadre de l'enquête EAPS 2010, 90 % déclarent que leur activité était en augmentation en 2010 par rapport à celle de l'année précédente. Par ailleurs, bien que, grosso modo, la nature des prestations correspond à la catégorie à laquelle appartient l'établissement, on observe de fréquentes variations par rapport aux normes en vigueur[58], ce qui signifie que l'établissement ne fournit pas toutes les prestations qu'il devrait être à même d'assurer[59], ou qu'il fournit des prestations qui dépassent son niveau de compétences. D'une manière générale, les ESPS tendent à privilégier les activités les plus « gérables » compte tenu de leurs contraintes en personnels[60].

Il faut noter également que, compte tenu de la position des ESPS dans la pyramide sanitaire et des ressources dont ils disposent (équipements/plateaux techniques et personnels)[61], la prise en charge des patients les plus gravement malades (cancers, polytraumatismes, neurochirurgie, etc.) se fait principalement dans les CHU[62].

#### B. Tarification des actes

Par ailleurs, selon les données de l'enquête EAPS 2010, les tarifs pratiqués sont élevés. En voici quelques exemples : consultation médicale : 5 300 FCFA [4 200 - 6 000], consultation en CSI : 1 330 FCFA, accouchement : 64 900 FCFA [36 000 - 83 750], césarienne : 235 600 FCFA [210 000 – 261 000], radiologie thoracique : 7 400 FCFA [6 300 - 8 500], journée d'hospitalisation en médecine : 14 000 FCFA [10 000 - 18 000]. Dans ces fourchettes, les tarifs tendent à être inférieurs dans les établissements conventionnés mais ils restent très nettement supérieurs à ceux du secteur public (tableau 2.4).

**Tableau 2.4. Tarifs moyens pratiqués dans les ESPS exprimés en nombre de jours de travail d'un salarié payé au SMIG**

| | Cabinets médicaux | | CSI | | Cliniques d'accouchement | | Cabinets dentaires | | Polycliniques | | Cliniques | |
|---|---|---|---|---|---|---|---|---|---|---|---|---|
| | FCFA | En % du SMIG | FCFA | En % du SMIG | FCFA | En % du SMIG | FCFA | En % du SMIG | FCFA | En % du SMIG | FCFA | En % du SMIG |
| Consultation avec médecin généraliste | 5 300 | 17 % | | | | | | | 5 750 | 19 % | 4 200 | 14 % |
| Consultation avec infirmier | | | 1 330 | 4 % | | | | | 7 875 | 26 % | | |
| Consultation prénatale | 4 750 | 15 % | | | 3 357 | 11 % | | | | | | |
| Consultation planning familial | 7 000 | 23 % | | | 3 643 | 12 % | | | | | | |
| Accouchement eutocique | | | | | 36 000 | 117 % | | | 64 900 | 211 % | 75 000 | 244 % |
| Césarienne | | | | | | | | | 235 600 | 768 % | 210 000 | 684 % |
| Traitement de carie | | | | | | | 16 750 | 55 % | | | | |
| Extraction dentaire | | | | | | | | | 8 000 | 26 % | 6 600 | 22 % |
| Radiologie thoracique | | | | | | | | | 7 400 | 24 % | 6 333 | 21 % |
| Journée d'hospitalisation en médecine | | | | | | | | | 14 000 | 46 % | 10 000 | 33 % |

*Sources* : Enquête EAPS 2010 et décret n° 2006-655/PRES/PM/MTSS/MFB, traitement des auteurs.

Les exemples de tarifs ci-après établis pour le secteur public donnent la mesure de l'écart entre les tarifs pratiqués dans les deux secteurs (public et privé) :

- consultation infirmier : 500 FCFA
- consultation médecin généraliste : 2 000 FCFA
- consultation médecin spécialiste : 4 000 FCFA
- accouchement normal : 900 FCFA
- accouchement par césarienne : 10 000 FCFA
- journée d'hospitalisation : 500 à 4 000 FCFA selon catégories (chambre commune — chambre individuelle).

Il faut noter que les soins obstétricaux et les soins aux enfants de moins de 5 ans sont, depuis 2009, subventionnés dans le secteur public. Ainsi, le coût officiel d'un accouchement dans le secteur public s'élève à 4 500 FCFA, dont 80 % (3 600 FCFA) sont subventionnés par l'État, ce qui ne laisse que 900 FCFA à la charge du ménage. De même, le prix d'une césarienne est de 50 000 FCFA, dont seulement 10 000 FCFA sont imputés au ménage. Il n'en reste pas moins qu'il existe un écart très important entre les prix officiels de ces actes dans le secteur public et ceux pratiqués dans le secteur privé (de 1 à 15 pour les accouchements normaux et de 1 à 5 pour les césariennes).

En tout état de cause et quel que soit le statut[63] des établissements, les tarifs pratiqués sont disproportionnés par rapport à la capacité de paiement de la majorité de la population. Ces tarifs moyens exprimés en pourcentage du salaire mensuel minimum (SMIG) d'un salarié non agricole (30 684 FCFA)[64] révèlent que le coût des actes les plus simples représente un effort financier considérable : consultation en CSI (4 % du salaire), consultation médicale (17 %) et radiologie thoracique (24 %) ; hospitalisation (journée d'hospitalisation en médecine : un demi mois de salaire). Les accouchements et les césariennes qui représentent respectivement trois mois de salaire et plus de huit mois de salaire, sont totalement inaccessibles. À titre de comparaison, un accouchement dans le secteur public coûte au ménage environ 3 % du SMIG et celui d'une césarienne environ un tiers.

Cette situation démontre, d'une part, qu'une proportion non négligeable de la population dans les trois premiers quintiles de revenu n'a pas accès aux ESPS et ne les fréquente pas pour des raisons financières et, d'autre part, que les individus qui les fréquentent rencontrent des difficultés de paiement. En témoignent les nombreux patients qui demandent des conditions de paiement particulières (réductions ou étalement) (voir tableau 2.7).

## C. Qualité des soins

La qualité des soins est difficile à apprécier mais vraisemblablement inégale d'un ESPS à l'autre et d'une catégorie à l'autre. Cette situation s'explique par l'hétérogénéité des ressources dont disposent les établissements en termes d'infrastructures, d'équipements, de personnels, de budgets de fonctionnement, et par l'absence de normes et protocoles de prise en charge.

### *Utilisateurs*

A. Niveaux d'utilisation

Selon une étude de 2005[65], les ESPS représenteraient moins de 15 % des recours de la population aux soins. Ce chiffre est cohérent avec le poids relatif de l'offre de soins privée telle que décrite à la section 2.2.1 ci-dessus. Le recours aux prestataires de soins privés varie de 8 % à 18 % selon les quintiles de revenus observés (voir tableau 2.5). Il reste relativement bas dans l'ensemble des quintiles mais semble légèrement supérieur parmi les ménages qui disposent des revenus les plus importants (Q4 et Q5). Selon cette étude, le recours aux soins se fait à près de 70 % auprès des prestataires publics (CSPS dans près de la moitié des cas, hôpitaux et CMA) et, pour 17 % (soit légèrement plus que pour le secteur privé formel), auprès des tradipraticiens. L'automédication[66] n'apparaît pas dans le tableau mais ce mode de recours aux soins est certainement très fréquent.

**Tableau 2.5. Part du secteur privé de soins dans le recours aux soins par quintile de revenu**

|  | Q1 | Q2 | Q3 | Q4 | Q5 | Ensemble |
|---|---|---|---|---|---|---|
| CSPS | 41 % | 58 % | 53 % | 57 % | 42 % | 49 % |
| Tradipraticiens | 37 % | 18 % | 26 % | 15 % | 10 % | 17 % |
| Secteur privé | 9 % | 12 % | 8 % | 13 % | 18 % | 13 % |
| Hôpitaux | 8 % | 4 % | 8 % | 9 % | 19 % | 12 % |
| CM/CMA | 6 % | 9 % | 5 % | 6 % | 11 % | 8 % |

*Source :* Ministère de la Santé (2005).

B. Motivations et parcours thérapeutiques

Le système public de soins souffre d'un grand discrédit aux yeux de la population : la qualité inégale de l'accueil et la disponibilité irrégulière des services et des médicaments semblent motiver cette opinion négative et est à l'origine de fréquents retards dans les recours aux soins[67] et, pour les patients qui peuvent se le permettre, à une préférence pour les ESPS.

Dans l'immense majorité des cas, les patients qui recourent au secteur privé s'adressent tout d'abord à une structure de premier niveau[68] et ne se rendent dans un établissement hospitalier qu'en second recours ou en cas d'urgence. Ce type d'itinéraire correspond d'ailleurs aux résultats de l'enquête EAPS 2010 dans laquelle la majorité des ESPS hospitaliers (85 %) déclarent recevoir des patients référés par une autre structure de santé[69]. Ces données indiquent que le recours au secteur privé de soins se fait d'abord et de préférence auprès d'ESPS de premier niveau et que le recours aux ESPS hospitaliers n'intervient qu'en bout de chaîne.

C. Principaux obstacles

Les principales limites au recours à des ESPS sont, d'une part, la faible disponibilité de l'offre de soins privée, voire son absence, dans de vastes étendues du territoire national et, d'autre part, le prix des services. En effet, dans les zones où des ESPS sont installés et fonctionnels, les barrières financières semblent expliquer en grande partie le faible niveau de recours au secteur privé.

L'enquête EAPS 2010 révèle par ailleurs que la proportion de patients rencontrant des difficultés à payer les prestations qu'ils reçoivent est, en moyenne, relativement élevée. Elle est de plus de 80 % dans les cabinets libéraux et encore plus élevée dans les ESPS hospitaliers (voir tableau 2.6). Dans ces situations, les prestataires déclarent accorder des facilités de paiement à leurs clients (crédit de paiement ou rabais). Ces différents éléments reflètent l'importance des obstacles financiers aux recours aux services du secteur privé (y compris pour les utilisateurs).

**Tableau 2.6. Comportement des prestataires privés face aux difficultés de paiement de leurs patients selon les catégories d'ESPS**

| | | ESPS du groupe 1 | | | | | ESPS du groupe 2 | | |
|---|---|---|---|---|---|---|---|---|---|
| | | CSI | Cabinets dentaires | CSPS | Laboratoires d'analyses | Cliniques acct | Poly cliniques | Cliniques | CM CMA |
| Pensez-vous que les tarifs de votre établissement sont trop élevés par rapport à la capacité de payer de vos patients? | Oui | 13 % | 20 % | 9 % | 0 % | 14 % | 0 % | 0 % | 0 % |
| | Non | 87 % | 80 % | 73 % | 100 % | 86 % | 100 % | 86 % | 100 % |
| Avez-vous parfois des patients qui rencontrent des difficultés pour payer les prestations que vous avez réalisées pour eux? | Oui | 83 % | 80 % | 91 % | 0 % | 86 % | 100 % | 86 % | 89 % |
| | Non | 17 % | 20 % | 9 % | 100 % | 14 % | 0 % | 14 % | 11 % |
| Vous arrive t-il de faire crédit à des patients qui ne peuvent pas payer leurs prestations? | Oui | 83 % | 100 % | 73 % | 100 % | 86 % | 75 % | 71 % | 44 % |
| | Non | 10 % | 0 % | 27 % | 0 % | 14 % | 25 % | 29 % | 56 % |
| Refusez-vous de donner des soins à un patient qui déclare ne pas avoir les moyens de payer? | Oui | 13 % | 40 % | 9 % | 50 % | 29 % | 0 % | 14 % | 0 % |
| | Non | 87 % | 60 % | 91 % | 50 % | 71 % | 100 % | 86 % | 100 % |
| Vous arrive-t-il de faire payer moins cher aux patients qui disent avoir des difficultés pour payer? | Oui | 82 % | 100 % | 91 % | 0 % | 100 % | 75 % | 57 % | 89 % |
| | Non | 18 % | 0 % | 9 % | 100 % | 0 % | 25 % | 43 % | 11 % |

*Source :* Enquête EAPS 2010.

### Complémentarité/partenariat avec le secteur public

A. Dispositif et mécanismes institutionnels de pilotage et de concertation

Depuis 2002 et suite à la révision de l'organigramme du Ministère de la santé, un dispositif institutionnel d'appui et d'encadrement des ESPS a progressivement été mis en place au sein de ce Département. Une Direction générale des hôpitaux publics et du Sous-secteur privé a été créée et le Directeur du Sous-secteur privé a été nommé un an plus tard (2003). L'organisation et les attributions dudit ministère en matière d'encadrement des ESPS sont précisées par décret[70]. Cette Direction compte actuellement six agents[71] et dispose de locaux exigus et sous-équipés[72].

En huit ans d'existence, la DSP a notamment à son actif : l'organisation d'une rencontre entre le Ministère de la santé et les ONG et associations, l'organisation d'une rencontre entre le Ministère de la santé et les ESPS à but lucratif, le recensement des ESPS, la participation de représentants du secteur privé de la santé aux rencontres annuelles Gouvernement/secteur privé, l'appui des promoteurs des ESPS hospitaliers pour la création de leur association et l'initiation d'un processus d'élaboration d'une stratégie de développement du sous-secteur. Ces réalisations témoignent de la volonté du Gouvernement de reconnaître le rôle joué par les opérateurs privés dans le secteur de la santé et d'un certain leadership. Les contraintes et limites rencontrées par les structures de l'Administration centrale chargées d'encadrer et de piloter le sous-secteur privé reflètent toutefois l'insuffisance des moyens qui leur sont octroyés.

Une autre difficulté tient au fait que le dispositif institutionnel chargé des fonctions de régulation des opérateurs du sous-secteur privé est réparti entre plusieurs départements du Ministère de la santé et qu'il n'existe pas à l'heure actuelle de mécanismes de coordination réellement opérationnels. Ainsi, la DGPML est chargée de l'encadrement des grossistes importateurs, des pharmacies d'officine et des laboratoires d'analyses ainsi que des tradipraticiens. La DEP est, quant à elle, chargée de la signature des conventions avec les ESPS[73]. Par ailleurs, ce dispositif institutionnel d'encadrement est incomplet car il n'y a pas, par exemple, de structure au Ministère de la santé chargée du suivi des établissements privés de formation des professionnels de santé.

Enfin, les services de l'Inspection générale ont des difficultés à assumer leur fonction de contrôle des ESPS, faute de moyens financiers et humains suffisants, mais aussi du fait que lorsque la réglementation n'est pas suffisamment respectée, les sanctions sont peu appliquées et leur non-respect est suivi de peu d'effet.

## B. Mécanismes de concertation des secteurs public/privé

Le Burkina Faso se distingue pour avoir mis en place plusieurs cadres de concertation entre les secteurs public et privé, notamment les rencontres annuelles Gouvernement/secteur privé auxquelles les acteurs du secteur de la santé prennent part depuis 2006[74], et la Commission technique permanente de concertation rattachée au Secrétariat général.

Par ailleurs, l'existence d'associations pour certaines catégories d'acteurs du secteur privé[75] facilite la concertation avec le Ministère de la santé et les autres instances gouvernementales. Il en va de même des instances ordinales[76] qui sont les interlocuteurs privilégiés des autorités sanitaires.

## C. Intégration des ESPS dans l'offre de soins

Bien que faisant officiellement partie du mandat des districts et régions sanitaires, l'intégration des ESPS dans une offre de soins coordonnée, au niveau local ou au niveau intermédiaire, peine à se matérialiser[77]. Il faut toutefois noter que des CM conventionnés représentent, dans bien des localités, des structures clefs du dispositif d'offre de soins.

La participation des ESPS au service public de soins, bien que prévue dans les textes[78], est cependant encore peu développée. Le secteur public n'a pas encore une vision claire des partenariats stratégiques qu'il conviendrait de développer à court et moyen termes avec le secteur privé de façon à optimiser les résultats de santé ou améliorer l'efficience de la dépense publique. Le secteur privé a quant à lui une certaine résistance à entrer dans des partenariats où il n'est pas sûr d'y trouver des avantages. La culture partenariale doit donc encore être développée, tout comme le cadre légal et réglementaire qui le permettrait.

Faute d'une vision stratégique claire et du fait de la faiblesse des mécanismes de régulation déjà signalés, la participation du secteur privé aux programmes nationaux de santé publique est à ce jour très limitée. Ainsi par exemple, les initiatives récentes de subventionnement des SONU, théoriquement applicables également aux structures privées de soins, ne s'appliquent qu'aux formations sanitaires publiques. En effet, les niveaux de remboursement accordés sont incompatibles avec les tarifs pratiqués dans le secteur privé. Il en va de même, pour des raisons techniques financières et logistiques, des programmes de vaccination ou de la détection et de la prise en charge des cas de tuberculose.

**Tableau 2.7. Exemples de partenariat entre les ESPS et le secteur public**

|  |  | Groupe I | Groupe II |
|---|---|---|---|
| L'établissement réalise t-il des actes de soins pour des patients pris en charge par une formation sanitaire du secteur public? | Oui | 61 % | 75 % |
|  | Non | 39 % | 25 % |
| L'établissement intervient-il dans le cadre de programmes nationaux de santé? | Oui | 59 % | 50 % |
|  | Non | 41 % | 50 % |
| L'établissement semble bien intégré dans l'offre de soins de la région ou du district | Oui | 81 % | 90 % |
|  | Non | 19 % | 10 % |
| L'équipe cadre de district ou la DRS considère l'établissement comme faisant partie de l'offre de soins qu'ils coordonnent dans leur zone de responsabilité | Oui | 86 % | 85 % |
|  | Non | 14 % | 15 % |
| L'équipe cadre de district ou la DRS effectue t-elle des démarches ou apporte t-elle un appui à l'ESPS pour renforcer son intégration dans l'offre de soins du district ou de la région? | Oui | 58 % | 60 % |
|  | Non | 42 % | 40 % |
| L'ESPS bénéficie d'un soutien spécifique (subvention, dotation de médicaments etc.) lorsqu'il réalise des activités entrant dans le cadre d'un programme national? | Oui | 21 % | 50 % |
|  | Non | 79 % | 50 % |

*Source :* Enquête EAPS 2010.

D. Partenariats public-privé

Un document de stratégie de mise en œuvre de la politique nationale de contractualisa-tion dans le système de santé, élaboré avec le soutien technique de l'OMS, a été adopté en mars 2009. Ce document recense les quelques exemples de contrats existants au Bur-kina Faso et propose une analyse des entraves actuelles à la mise en œuvre d'approches contractuelles. Sur la base de ces constats, il rappelle les grands principes et propose un cadre général d'intervention visant à la mobilisation de l'ensemble des acteurs dans la perspective du renforcement des partenariats entre opérateurs, quel que soit leur statut[79].

À l'heure actuelle, les expériences de partenariats public-privé sont encore très peu nombreuses. On les retrouve principalement dans le domaine de la lutte contre le VIH/sida. Ainsi par exemple, des partenariats ont été conclu entre des structures de l'État et des réseaux et collectifs d'associations locales dans le cadre du PAMAC, et un protocole d'accord de financement a été signé par le Secrétariat permanent du Comité national de lutte contre le sida et les IST (SP/CNLS-IST) avec le Secrétariat permanent des ONG, ce qui permet à des structures associatives ou confessionnelles de participer à la stratégie nationale de prise en charge des patients atteints du VIH/sida.

Enfin, l'association des promoteurs des ESPS hospitaliers souligne l'existence de contrats avec des assurances et mutuelles et se dit volontaire pour le développement de PPP pour la prise en charge de certaines pathologies qui justifient l'évacuation de patients à l'étranger aux frais de l'État.

*État de la réglementation*

Un cadre réglementaire précis et relativement cohérent établit les conditions de création, d'ouverture et d'exploitation des différentes catégories d'établissements privés de diagnostic et de soins.

L'arsenal législatif et réglementaire a essentiellement été élaboré au cours des dix dernières années par la DSP en concertation avec les autres instances administratives impliquées et, le plus souvent, les représentants des structures ou catégories professionnelles concernées. En outre, un ensemble relativement complet de normes et directives (portant notamment sur les infrastructures, les équipements et les personnels) ont été élaborées mais non suffisamment appliquées. Les références de la plupart de ces textes figurent à la section 6 du présent rapport. Certains textes méritent cependant d'être actualisés (Code de santé publique, nomenclature des établissements, etc.).

*En résumé :*

- *Les 340 ESPS fonctionnels que compte le Burkina Faso représentent environ de 20 % à 25 % des formations sanitaires du pays. Il s'agit principalement de structures fournissant des services qui correspondent aux 1er et 2e niveaux de soins. Dans la mesure où il n'y pas d'offre privée de soins au niveau tertiaire, les plateaux techniques des ESPS hospitaliers correspondent à ceux que l'on trouve habituellement au 2e niveau de soins, tout en offrant, pour certains d'entre eux, une gamme de services plus large que dans le secteur public. Les lits privés représentent moins de 15 % du total des lits hospitaliers du pays.*
- *Cette offre privée de soins est très fortement concentrée à Ouagadougou et, dans une moindre mesure, à Bobo Dioulasso. Près de 20 % des établissements en activité fonctionnent sans autorisation (8 % des établissements à but lucratif et 32 % des établissements à but non lucratif).*
- *Les ESPS emploient environ 1 800 personnes dont un tiers sont des vacataires (le plus souvent des médecins issus du secteur public).*
- *Les informations concernant la nature et le volume des actes sont quasi-inexistantes. En conséquence, le rôle joué par le secteur privé de soins est difficile à mesurer, tout comme la qualité des prestations est difficile à apprécier.*
- *D'après une étude du Ministère datant de 2005, les ESPS représentent 13 % des recours aux soins de la population. Ils sont utilisés par toutes les catégories de population, le taux d'utilisation du quintile le plus riche (18 %) représentant le double de celui du quintile le plus pauvre (9 %).*
- *L'intégration des ESPS dans l'offre de soins des districts et régions sanitaires peine à se matérialiser. Leur participation aux programmes prioritaires de santé publique n'est que très peu développée. Par ailleurs, les exemples de partenariats public-privé sont à ce jour limités.*

## Formation

*Typologie et répartition des établissements de formation*

A. Nature et importance des établissements

Le secteur de la formation des professionnels de soins de santé au Burkina Faso a toujours été du domaine public et ne s'est ouvert que tardivement au secteur privé, qui n'y occupe aujourd'hui qu'une place marginale. En effet, la formation des personnels paramédicaux repose essentiellement sur l'ENSP[80] et celle des médecins sur les Facultés de médecine de Ouagadougou et, plus récemment, de Bobo Dioulasso.

De fait, le secteur privé ne compte que quatre établissements de formation :

- L'École privée de santé Sainte Edwige ;
- L'Institut supérieur privé de technologies ;
- Le Centre Ozona formation ;
- La Faculté de médecine de l'Université Saint Thomas d'Aquin.

Bien que limitée à quatre établissements, la gamme des formations offertes est très variée (voir figure 2.7).

---

**Figure 2.7. Formations proposées par le secteur privé**

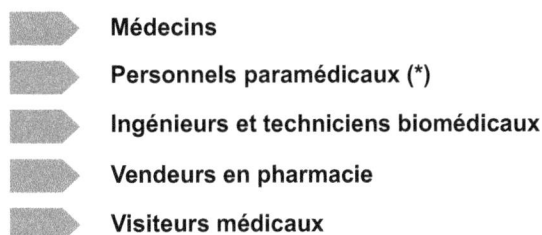

- **Médecins**
- **Personnels paramédicaux (\*)**
- **Ingénieurs et techniciens biomédicaux**
- **Vendeurs en pharmacie**
- **Visiteurs médicaux**

*Source :* Auteurs.
*Note:* \*Infirmiers diplômés d'Etat et brevetés, sages-femmes diplômées d'Etat, accoucheuses auxilliaires et agents itinérants de santé.

Les établissements de formation existants sont très hétérogènes en termes de taille, de statut — l'Université Saint Thomas d'Aquin est une structure confessionnelle alors que les trois autres écoles sont des sociétés commerciales —, de types de formation offerts et de modalités de gestion (propriétaire gérant, directeur salarié de la société ou conseil d'administration dans le cas de l'Université Saint Thomas d'Aquin).

### B. RÉPARTITION GÉOGRAPHIQUE

Les quatre établissements privés de formation sont tous situés dans la ville de Ouagadougou, seule localité disposant à la fois d'un vivier d'enseignants facilement mobilisable et d'une population estudiantine solvable.

Cette concentration est spécifique à l'offre privée de formation des professionnels de soins de santé. En effet, on trouve des établissements privés d'enseignement primaire et secondaire ainsi que des écoles privées de formation professionnelle dans d'autres domaines dans la plupart des chefs-lieux de provinces et de départements. Cette concentration dans la capitale s'explique par la spécificité des enseignements dans le domaine de la santé (disponibilité des enseignants et étroitesse du marché).

### C. TENDANCES ÉVOLUTIVES

L'offre privée de formation en soins de santé est récente[81]. En conséquence, pour les cursus les plus longs (études de médecine en particulier) il n'y a pas encore de diplômés sur le marché du travail. Par ailleurs, dans plusieurs établissements, les promotions n'ont pas encore atteint leur plein effectif[82].

Il existe à l'heure actuelle plusieurs projets de création d'écoles, notamment de para-médicaux[83] mais il ne semble pas que le secteur privé de la formation aux métiers relatifs à la santé soit en forte expansion dans la mesure où le secteur public répond à l'essentiel de la demande.

### Inventaire des ressources disponibles

A. INFRASTRUCTURES ET ÉQUIPEMENTS

Les écoles disposent de locaux dont la taille, la disposition et l'état varient d'un établissement à l'autre. Pour certains d'entre eux (IST et Centre Ozona), les cursus « santé » sont venus s'ajouter à des programmes préexistants, si bien que les activités correspondantes se déroulent dans des bâtiments qui accueillent également des élèves et étudiants appartenant à d'autres disciplines. En revanche, les bâtiments de l'École de santé Sainte Edwige et de la Faculté de médecine de l'Université Saint Thomas d'Aquin sont exclusivement dédiés à la formation de professionnels des soins de santé et ont été bâtis et équipés à cette fin. Ils comportent donc un nombre de salles et des équipements pédagogiques en rapport avec les nécessités de ces cursus.

Bien que modestes, les infrastructures dont disposent ces établissements sont, d'une manière générale, plus spacieuses, en meilleur état et mieux équipées que celles des structures publiques de formation.

B. RESSOURCES HUMAINES

Le tableau 2.8 présente les effectifs en ressources humaines dont disposent les établissements privés de formation par catégories et par statuts. Au total, un peu plus d'une centaine de personnes travaillent dans les établissements privés de formation. Les enseignants représentent près des deux-tiers (63,2 %) de ces effectifs alors que les personnels administratifs et les autres catégories professionnelles[84] ne représentent respectivement que 25,5 % et 11,3 %.

**Tableau 2.8. Effectifs des personnels par catégories et statures**

| Ecoles de formation | Enseignants | | Administration | | Autres | |
|---|---|---|---|---|---|---|
| | Salariés | Vacataires | Salariés | Vacataires | Salariés | Vacataires |
| Centre Ozona Formation | 2 | 14 | 3 | 0 | 1 | 0 |
| Ecole Sainte Edwige | 3 | 18 | 6 | 0 | 3 | 0 |
| USTA | 4 | 12 | 7 | 2 | 5 | 0 |
| IST | 5 | 9 | 6 | 3 | 3 | 0 |
| Total | 14 | 53 | 22 | 5 | 12 | 0 |

*Source :* Collecte auprès des administrations respectives de ces structures.

Toutes catégories professionnelles confondues, les salariés (le plus souvent à plein temps) sont minoritaires et ne représentent environ que 40 % du total, les 60 % restants étant constitués de personnels vacataires. La proportion de vacataires est particulièrement importante parmi les enseignants[85]. Les vacataires sont en revanche peu nombreux parmi les personnels administratifs et inexistants au sein du personnel de soutien. L'origine des enseignants vacataires varie selon les cursus mais une grande partie d'entre eux provient du secteur public[86].

Il faut noter que ces caractéristiques (forte dépendance d'enseignants vacataires notamment) sont communes aux quatre établissements en dépit de missions et de publics ciblés singulièrement différents.

C. Ressources financières

Il y a peu d'informations disponibles sur la situation comptable de ces établissements et sur les ressources financières dont ils disposent. Celles-ci varient vraisemblablement considérablement d'un établissement à l'autre et comprennent :

- Les ressources propres des promoteurs,
- Les recettes (frais de scolarité),
- Les crédits octroyés par des établissements bancaires.

L'État (MESSR) apporte un soutien jugé « symbolique » par nos interlocuteurs aux établissements privés[87].

Pour les investissements, les promoteurs mobilisent leurs fonds propres et, pour certains d'entre eux, empruntent aux banques commerciales de la place aux taux du marché (12 %–14 %). Les coûts d'exploitation et de fonctionnement sont en revanche habituellement entièrement couverts par les frais de scolarité encaissés.

Aux dires des responsables des établissements visités, l'activité de formation des professionnels de soins de santé peut être viable[88] mais elle ne permet pas de dégager de marges significatives.

### Caractéristiques des enseignements

A. Types de formation fournie

La figure 2.8 présente les formations actuellement disponibles dans le secteur privé. Certains établissements délivrent des formations aboutissant à des diplômes (diplômes équivalents à ceux délivrés dans le public) ; d'autres proposent des formations sans diplôme qui ne valent que la reconnaissance qu'elles ont sur le marché de l'emploi. Les

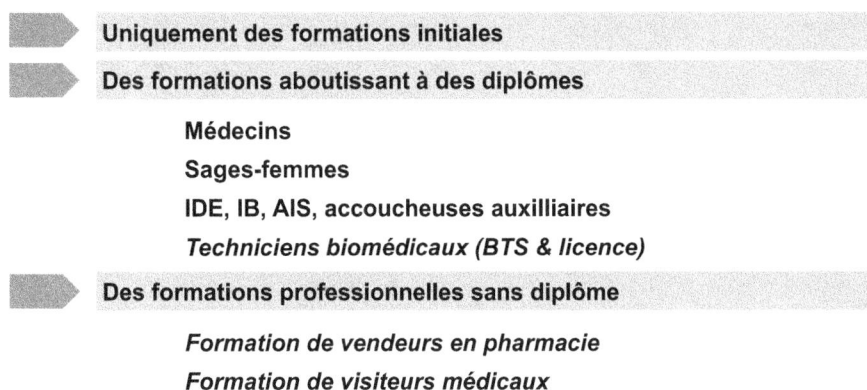

**Figure 2.8. Catégories de formations proposées par le secteur privé**

➤ **Uniquement des formations initiales**

➤ **Des formations aboutissant à des diplômes**

   **Médecins**

   **Sages-femmes**

   **IDE, IB, AIS, accoucheuses auxilliaires**

   *Techniciens biomédicaux (BTS & licence)*

➤ **Des formations professionnelles sans diplôme**

   *Formation de vendeurs en pharmacie*

   *Formation de visiteurs médicaux*

*Source :* Auteurs.

formations qui apparaissent en vert sont celles qui sont également disponibles dans le secteur public. Les formations qui apparaissent en italique sont celles qui ne sont disponibles que dans le secteur privé.

▪ Les formations aboutissant à une diplôme qui existent dans le secteur privé sont : IDE, SF, IB, AIS, accoucheuses auxiliaires, BTS et licence en maintenance biomédicale, doctorat en médecine[89].

▪ Les formations professionnelles sans diplôme qui existent dans le secteur privé sont : vendeurs en pharmacie et visiteurs médicaux.

Il faut noter que le secteur privé n'offre que des formations initiales et ne participe pas à la formation continue des professionnels de soins de santé. Celle-ci est essentiellement assurée par le Ministère de la santé, avec ou sans l'appui de ses partenaires techniques et financiers et, dans une moindre mesure et selon des critères de qualité difficiles à évaluer, par les laboratoires pharmaceutiques. Les formations continues semblent assez fréquentes et ne concernent pas seulement les agents de l'État. Comme l'indique le tableau 2.9, elles concernent également une large majorité (66 %) des professionnels de soins de santé travaillant dans des établissements de soins privés. Selon les données de l'enquête réalisée dans le cadre de cette étude, les formations continues des personnels des structures privées de soins sont financées par le Ministère de la santé dans environ 63 % des cas pour les ESPS non hospitaliers et dans seulement 26 % des cas pour les ESPS hospitaliers.

**Tableau 2.9. Formation continue des personnels des ESPS**

| | | Groupe I | | Groupe II | | Ensemble | |
|---|---|---|---|---|---|---|---|
| | | n | % | n | % | n | % |
| Personnel ayant eu une formation professionnelle continue | Oui | 36 | 61 % | 16 | 80 % | 52 | 66 % |
| | Non | 23 | 39 % | 4 | 20 % | 27 | 34 % |
| | Total | 59 | 100 % | 20 | 100 % | 79 | 100 % |
| Formation professionnelle continue reçue | Antibiothérapie | 1 | 3 % | | | 1 | 2 % |
| | Pédiatrie | 7 | 18 % | 2 | 12 % | 9 | 17 % |
| | Gynécologie | 2 | 5 % | 4 | 25 % | 6 | 11 % |
| | Santé publique | 11 | 29 % | 3 | 19 % | 14 | 26 % |
| | Autre | 17 | 45 % | 7 | 44 % | 24 | 44 % |
| | Total | 38 | 100 % | 16 | 100 % | 54 | 100 % |
| Financement de la formation professionnelle | Ministère de la santé | 24 | 63 % | 4 | 26 % | 28 | 53 % |
| | Lab. Pharmaceutique | 0 | | 1 | 7 % | 1 | 2 % |
| | L'ESPS | 7 | 18 % | 9 | 60 % | 16 | 30 % |
| | Le gérant de l'ESPS | 0 | | | | 0 | |
| | Autre | 7 | 18 % | 1 | 7 % | 8 | 15 % |
| | Total | 38 | 100 % | 15 | 100 % | 53 | 100 % |
| L'établissement a une stratégie de formation continue | Oui | 22 | 46 % | 11 | 55 % | 33 | 49 % |
| | Non | 26 | 54 % | 9 | 45 % | 35 | 51 % |
| | Total | 48 | 100 % | 20 | 100 % | 68 | 100 % |

*Source :* Enquête EAPS 2010.

B. Flux de formation actuels

Les flux de formation dépendent des filières mais ils sont, d'une manière générale, très limités (voir figure 2.9). À titre d'exemple, le secteur privé « produit », pour les para-médicaux : environ 10 SF par an, 10 à 15 IDE par an, 10 AIS par an, une trentaine d'AIS et une trentaine d'IB par an. Les BTS et licence en maintenance biomédicale n'aboutis-sent chacun qu'à une demi-douzaine de diplômés par an. La formation des vendeurs en pharmacie concerne en moyenne 25 personnes par an et celle des visiteurs médicaux une dizaine de personnes tous les deux ans. Quant à la faculté privée de médecine, elle n'en est qu'à sa troisième promotion et n'a donc pas encore « produit » de diplômés. Elle devrait, à partir de 2015, délivrer une quarantaine de diplômes par an (les facultés de médecine publiques formant actuellement de l'ordre de 150 diplômés par an)[90].

**Figure 2.9. Flux actuels de formation dans le secteur privé**

| Cursus | Individus formés chaque année | Évolution attendue |
|--------|:---:|:---:|
| Médecins | 0 | + |
| Sages-femmes | 10 | + |
| Infirmiers diplomés d'État | 15 | + |
| Accoucheuses auxilliaires | 30 | – |
| Infirmiers brevetés | 30 | – |
| Agents itinérants de santé | 10 | – |
| Techniciens biomédicaux | | |
|     BTS | 5 à 6 | = |
|     Licence | 5 à 6 | = |
| Vendeurs en pharmacie | 25 | = |
| Visiteurs médicaux | 5 | = |

*Source :* Entretiens approfondis avec les responsables des établissements privés de formation.

Compte tenu de leur mise en place récente et de l'importance de la demande, les flux de certaines formations pourraient légèrement augmenter dans les années à venir (indiqués par le signe + dans la figure 2.9). D'autres au contraire semblent avoir atteint un plateau et ne pas devoir se développer (indiqués par le signe =). Les emplois d'ac-coucheuses auxiliaires, agents itinérants de santé et d'infirmiers brevetés sont mis en liquidation dans le cadre de l'harmonisation des emplois dans l'espace UEMOA.

Pour les formations qui existent également dans le secteur public, les flux de forma-tion dans le secteur privé sont très nettement inférieurs à ceux observés dans les établis-sements publics. C'est ce qu'illustre le tableau 2.10 qui compare, pour les années 2008 et 2009, les flux de formation des principales professions paramédicales dans le public (ENSP) et le privé (École de santé Sainte Edwige).

**Tableau 2.10. Exemple de comparaison avec le secteur public**

| | 2008 | | | | 2009 | | | |
|---|---|---|---|---|---|---|---|---|
| | Ste Edwige | | ENSP | | Ste Edwige | | ENSP | |
| | n | % | n | % | n | % | n | % |
| Sages femmes | 14 | 7 % | 173 | 93 % | 7 | 3 % | 198 | 97 % |
| Infirmiers brevetés | 30 | 10 % | 281 | 90 % | 33 | 13 % | 231 | 88 % |
| Accoucheuses aux. | 35 | 14 % | 214 | 86 % | 32 | 15 % | 179 | 85 % |
| Agent Itinérant de Santé | 11 | 7 % | 158 | 93 % | 11 | 8 % | 124 | 92 % |
| Total | 90 | 10 % | 826 | 90 % | 83 | 10 % | 732 | 90 % |

*Source :* Registres des diplômés de l'ENSP et de l'École Sainte Edwige.

C. Tarifs des formations

Les tarifs pratiqués varient de 350 000 à 600 000 FCFA par an selon les filières. Ces tarifs sont sensiblement supérieurs (30 % à 40 %) à ceux observés dans le public[91] et sont élevés au regard de la capacité de payer de la majorité de la population[92].

La faible solvabilité de la demande (tarifs élevés par rapport aux capacités financières de la population) est une contrainte majeure pour le développement de l'offre privée de formation dans le secteur de la santé.

Cette absence de corrélation entre le montant des frais de scolarité et les capacités de paiement des ménages explique également les difficultés de recouvrement des frais de scolarité que connaissent tous les établissements.

*Profil et motivations des utilisateurs*

A. Profil des élèves

Compte tenu des tarifs pratiqués et de l'absence de bourses ou d'aide financière, la clientèle des établissements privés de formation appartient aux couches relativement aisées de la population. De plus, du fait de leur localisation, ces formations ne sont, sauf exception[93], accessibles qu'à des élèves et étudiants vivant à Ouagadougou. Dans la plupart des formations existantes, les élèves et étudiants sont majoritairement de sexe féminin.

B. Critères de motivation

Comme dans de nombreux autres pays africains, l'aspiration de tous les élèves et étudiants est de se faire recruter dans le secteur public[94]. Celui-ci représente une garantie d'emploi que le secteur privé, moins important quantitativement, ne peut fournir. Certains établissements de soins privés peuvent toutefois vouloir recruter certaines catégories professionnelles (sages-femmes par exemple) et il leur arrive de financer la scolarité des élèves qu'ils veulent embaucher. Cela ne concerne toutefois qu'un très petit nombre d'élèves et ils ne semblent pas préférer que ces élèves soient scolarisés dans le privé (ils ont recours aux établissements privés de formation car l'entrée dans les écoles publiques se fait par concours).

Pour les filières qui existent dans le secteur public, les établissements privés constituent un deuxième recours en cas de non admission dans une école publique. Ceci s'explique par le fait que l'intégration au secteur public sera plus aisée une fois le diplôme obtenu et que les tarifs sont plus bas dans le secteur public; l'intégration est même automatique pour certains des étudiants (contrat direct), notamment pour 50 % de ceux de l'ENSP.

La demande est la plus forte pour des filières courtes (AIS ou IB plutôt qu'IDE par exemple) et qui débouchent sur un emploi (vendeurs en pharmacie par exemple).

### Liens des établissements privés de formation avec le secteur public

#### A. Rôle de l'administration

L'autorisation d'ouverture d'un établissement de formation est donnée par le Ministère de l'emploi et de la jeunesse pour les formations professionnelles et par le Ministère de l'enseignement secondaire, supérieur et de la recherche pour les formations aboutissant à des diplômes. Même lorsqu'il s'agit d'établissements de formation des professionnels de soins de santé, le Ministère de la santé n'a pas compétence à statuer sur une demande de création ou d'ouverture d'école. Il est toutefois habituellement consulté et donne son avis technique sur le dossier de création.

Certains établissements comme l'Université Saint Thomas d'Aquin et l'École de santé Sainte Edwige ont des conventions avec le Ministère de la santé pour permettre l'accueil de leurs élèves en stages dans le secteur public. Il existe également des conventions avec certains établissements pour une homologation des diplômes à travers l'organisation conjointe des examens[95].

#### B. Soutien de l'État

Les établissements privés de formation intervenant dans le domaine de la santé ne bénéficient pas de soutien direct de la part des pouvoirs publics. Ceux d'entre eux qui sont dûment enregistrés bénéficient toutefois d'une exonération des droits de douane pour l'importation du matériel informatique.

Il n'y a pas non plus à ce jour de mesures incitatives pour le développement de la formation des professionnels de soins de santé dans le secteur privé.

Aux dires des chefs d'établissements interrogés, l'administration est à ce jour moins « facilitante » dans le secteur de la santé que dans d'autres secteurs d'enseignement. Ceci s'explique peut-être en partie du fait du caractère très récent du développement de l'enseignement privé dans ce secteur. Cela tient peut-être également au fait que, contrairement à l'enseignement secondaire ou à d'autres secteurs de l'enseignement supérieur, les établissements publics de formation parviennent pour l'instant à faire face à la demande. Ils sont également beaucoup plus attractifs puisque l'ENSP est par exemple la seule école nationale de formation qui permette un recrutement direct, 50 % des élèves étant recrutés par le Ministère de la santé à la fin de leurs études.

#### C. Rôle des établissements privés dans la formation des ressources humaines du secteur

Au cours des 10 dernières années, l'État a fait en sorte de « produire » chaque année dans ses propres établissements les professionnels qu'il est capable d'intégrer ou de recruter dans le secteur public. Ainsi, l'évolution à la hausse des flux de formation à l'ENSP a suivi au cours des cinq dernières années des tendances parallèles à celles des recrutements dans la fonction publique. Cependant, le nombre de diplômés reste, chaque année et dans toutes les catégories professionnelles, supérieur au nombre de postes ouverts ou vacants dans le secteur public. Il y a donc un « excédent » de diplômés sur le marché du travail chaque année (par rapport au nombre des recrutements de l'État et de ceux observés dans le secteur privé) et ce, sans même prendre en compte les diplômés issus des écoles privées.

Les éventuels besoins en RH du secteur privé ne semblent pas clairement pris en compte par les établissements publics de formation. Ces besoins n'ont d'ailleurs pas fait l'objet d'une évaluation systématique et ne sont donc pas précisément connus. Cette méconnaissance et la non prise en compte de l'offre privée de formation dans la stratégie de développement des ressources humaines du secteur de la santé reflètent le rôle historique joué par le secteur public en matière de formation des professionnels de soins de santé. Elles pourraient également en partie s'expliquer par le climat de défiance et de concurrence entre l'État et les établissements publics d'une part et les opérateurs du secteur privé d'autre part[96].

Enfin, les perspectives d'augmentation des flux de formation de catégories de professionnels (accoucheuses auxiliaires, infirmiers brevetés et agents itinérants de santé) dont les États généraux de la santé tenus en février 2010 ont recommandé la suppression sont le reflet de l'absence d'une vision stratégique commune du développement des RH du secteur de la santé par les acteurs publics et privés.

### État de la réglementation

Il n'existe pas à proprement parler de cadre réglementaire s'appliquant spécifiquement aux établissements privés de formation des professionnels de soins de santé. C'est donc la réglementation commune aux établissements privés d'enseignement, établie par le Ministère de l'enseignement secondaire, supérieur et de la recherche et le Ministère de l'emploi et de la jeunesse, qui s'applique.

Le Ministère de la santé a une fonction consultative (il donne un avis notamment sur les dossiers de demandes de création de nouvelles écoles) mais il n'intervient directement ni dans la définition des contenus pédagogiques, ni en ce qui concerne les effectifs d'encadrement, les frais de scolarités ou les flux de formation.

Les établissements privés de formation des professionnels de soins de santé opèrent donc dans un cadre relativement peu rigide, ce qui laisse une très large marge de manœuvre aux chefs d'établissements.

### En résumé :

- *La formation des professionnels de soins de santé reste l'apanage du secteur public. L'offre privée de formation est récente, exclusivement concentrée à Ouagadougou.*
- *Les établissements privés offrent une large gamme de filières de formations aboutissant à des diplômes ; IDE, SF, IB, AIS, accoucheuses auxiliaires, BTS et licence en maintenance biomédicale, doctorat en médecine.*
- *Les principales contraintes auxquelles sont soumis les établissements privés de formation sont : le peu d'incitation de la part de l'État ; l'accès aux crédits bancaires ; l'étroitesse du vivier d'enseignants (rôle majeur joué par des vacataires issus du secteur public) ; la difficulté à trouver des terrains de stage ; des frais de scolarité élevés par rapport aux capacités de paiement de la population.*
- *L'offre privée ne concerne que la formation initiale ; en revanche, une proportion importante des professionnels travaillant dans des structures de soins privées non hospitalières bénéficie de formations continues.*
- *L'analyse de la situation dans ce domaine appelle une réflexion de fond sur le rôle que l'ensemble des acteurs du secteur de la santé entendent confier au secteur privé pour la formation des professionnels de soins de santé.*

## Médicaments et produits de santé

### Typologie et répartition

Le marché pharmaceutique présente plusieurs caractéristiques influant de façon plus ou moins marquée sur les comportements des opérateurs, des organes de régulation et des patients : a) c'est un marché d'importation[97] de type oligopolistique ; b) les entreprises d'importation et de distribution sont toutes de droit privé, de statuts lucratif et non lucratif ; c) la demande y est exprimée par une population à faibles niveaux de revenu et d'éducation ; d) pour des raisons économiques et culturelles, l'automédication y est importante ; et e) les organes chargés de sa régulation et de son contrôle ne disposent pas de tous les moyens nécessaires pour faire appliquer la réglementation.

A. Le marché licite

Il est composé de deux segments:

  ▨ Le segment à but non lucratif. Il est constitué de la CAMEG, entreprise de droit privé à but non lucratif de type associatif[98] créée en 1992[99] pour succéder à la SONAPHARM, société d'État chargée jusqu'alors, d'approvisionner les formations sanitaires du secteur public. La CAMEG est régie, depuis 2000, par une convention signée avec l'État et chargée, à ce titre, dans le cadre d'une mission de service public à vocation sociale, d'approvisionner les formations sanitaires du secteur public en MEG sous nom de DCI[100] à des prix les plus bas possibles, fixés par arrêtés interministériels (santé et commerce).
  ▨ Le segment à but lucratif. Il est constitué de huit sociétés d'importation (grossistes importateurs) dont les plus importantes sont affiliées à des centrales d'achat basées en France[101] qui commercialisent des médicaments sous nom de spécialité, des médicaments génériques sous noms de marque et sous noms de DCI et des produits de parapharmacie[102].

B. Le marché illicite

Parallèlement au marché licite coexiste un marché illicite, alimenté par diverses sources : réseaux de contrebande organisée opérant de l'étranger[103], importations clandestines ou déclarées (dons collectés en France et dans d'autres pays d'Europe par la diaspora ou des ONG) et détournements divers[104] (voir figure 2.10). Les médicaments y sont écoulés par des revendeurs de rue dans les villes ou des marchands ambulants en milieu rural. La prospérité de ce marché résulte de facteurs conjugués : a) incapacité des autorités sanitaires à l'éradiquer ; b) mode de fonctionnement proche de celui des marchés traditionnels africains où le dialogue entre vendeurs et acheteurs est réel et le marchandage possible ; c) place qu'il laisse à l'automédication qui permet de faire l'économie d'une consultation ; et d) possibilité d'achat au détail (qui réduit, en apparence, la dépense)[105].

Deux travaux universitaires assez anciens (Tiendrebeogo 1997, Gnoula 2002) estimaient que 20 de la population recourait, plus ou moins régulièrement, à ce marché essentiellement pour des raisons de moindre coût (71 %), d'accès géographique (46 %) et de possibilité d'achat à l'unité (29 %). Dans le même temps, trois quarts des personnes sujettes à l'enquête déclaraient connaître le danger constitué par ce marché et admettaient que les vendeurs ne connaissent pas les produits qu'ils vendent. Ces deux études tendent à démontrer qu'en moyenne, 70 % des médicaments qui y sont commercialisés[106] étaient non conformes[107] et que les indications proposées par les vendeurs étaient

Figure 2.10. Schéma des principaux réseaux d'approvisionnement du marché illicite

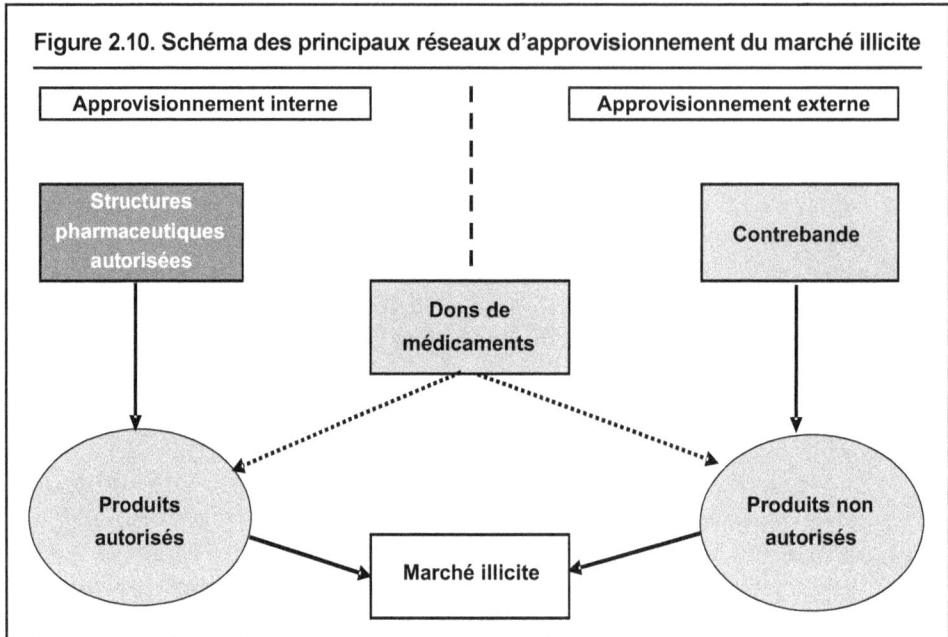

*Source :* d'après Hamel (2006).

erronées dans 64 % des cas, les posologies dans 73 % des cas et les durées de traitement insuffisantes dans 91 % des cas.

Le développement de ce marché est aujourd'hui perçu par les autorités sanitaires et la profession comme un fléau économique fortement préjudiciable à la santé publique (accidents iatrogènes et pharmacologiques, développement de chimiorésistances). Pour y faire face, un plan stratégique a été élaboré dès 1998, mais n'a jamais abouti[108]. Il a été actualisé en 2007[109] mais n'a, à ce jour, toujours pas été mis en œuvre. Le plan d'action qu'il propose, dont le financement est estimé à 120 millions de FCFA (250 000 dollars américains), est articulé autour de trois objectifs : *a*) renforcement de la répression contre les auteurs du trafic et de vente des médicaments de la rue ; *b*) sensibilisation des populations sur les dangers des médicaments de la rue ; et *c*) proposition d'une alternative pour les jeunes vendeurs des médicaments de la rue.

### Inventaire des ressources disponibles

Les deux segments du marché licite sont organisés de façon pyramidale, avec au sommet, des entreprises d'importation, au deuxième niveau, des dépôts répartiteurs régionaux et, à la base, les points de vente de détail : formations sanitaires du secteur public et pharmacies d'officine privées (voir figure 2.11).

▨ Dans le segment à but non lucratif, la CAMEG, située au sommet de la pyramide, importe[110] et approvisionne ses cinq dépôts régionaux[111] qui livrent ensuite les 63 DRD du secteur public auprès desquels viennent se fournir plus de 1 500 formations sanitaires périphériques du secteur public (CSPS, CM et CMA, dispensaires, etc.) ainsi qu'une centaine de formations sanitaires privées gérées par des organismes confessionnels et des ONG.

▨ Dans le segment à but lucratif, les grossistes importateurs[112] approvisionnent leurs dépôts régionaux[113] puis, à l'échelon inférieur, 167 pharmacies d'offi-

Figure 2.11. Schéma de principe de l'organisation de l'approvisionnement en médicaments, hors médicaments des programmes nationaux (valeurs d'importation en PGHT, valeur de consommation finale en prix public)

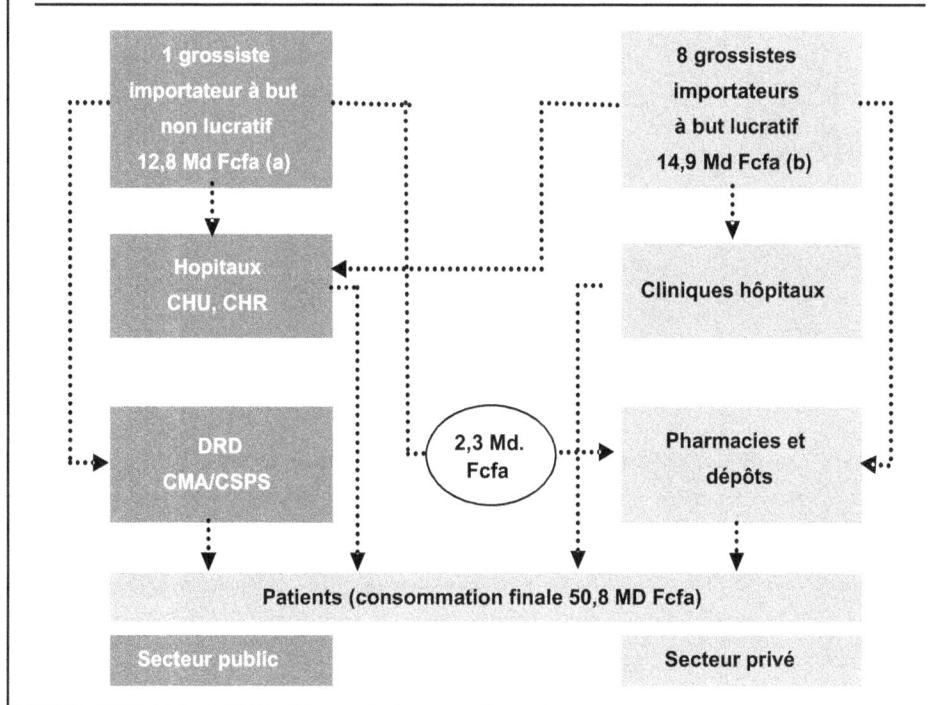

*Sources :* CAMEG (2009), IMS Health (2009).

cine[114]. Celles-ci sont majoritairement implantées à Ouagadougou (105) et Bobo Dioulasso (35) et dans les autres agglomérations du pays (27). Par ailleurs, 550 dépôts pharmaceutiques implantés dans les villes moyennes[115] et les centres de communes rurales, dont les modalités de fonctionnement sont fixées par arrêté ministériel[116], dépendent de ces pharmacies d'officine. Les grossistes importateurs assurent également l'approvisionnement, de façon non exclusive, des trois CHU nationaux[117] à travers des appels d'offres.

Les deux segments ne sont cependant pas totalement étanches : depuis 2001, la CAMEG, à leur demande et dans un cadre contractuel strict[118], approvisionne en MEG[119] les pharmacies d'officine privées[120]. En constante progression depuis 2001, le montant de ces cessions représentait 2,3 milliards de FCFA en 2009, ce qui correspond à environ 15 % du chiffre d'affaires médicament du secteur privé à but lucratif.

### Inventaire des productions

A. IMPORTATIONS

Depuis 1993, les importations du marché licite ont augmenté selon un rythme élevé (+12 % en taux d'accroissement moyen annuel) et sont passées, entre 1993 et 2009, de 5 à 29 milliards de FCFA (voir figure 2.12). Cette croissance s'est principalement faite au profit du segment à but non lucratif qui ne représentait que 8 % des importations en 1993 contre 48 % en 2009.

Figure 2.12. Évolution des valeurs d'importation de médicaments entre 1993 et 2009, hors médicaments des programmes nationaux (milliards de FCFA)

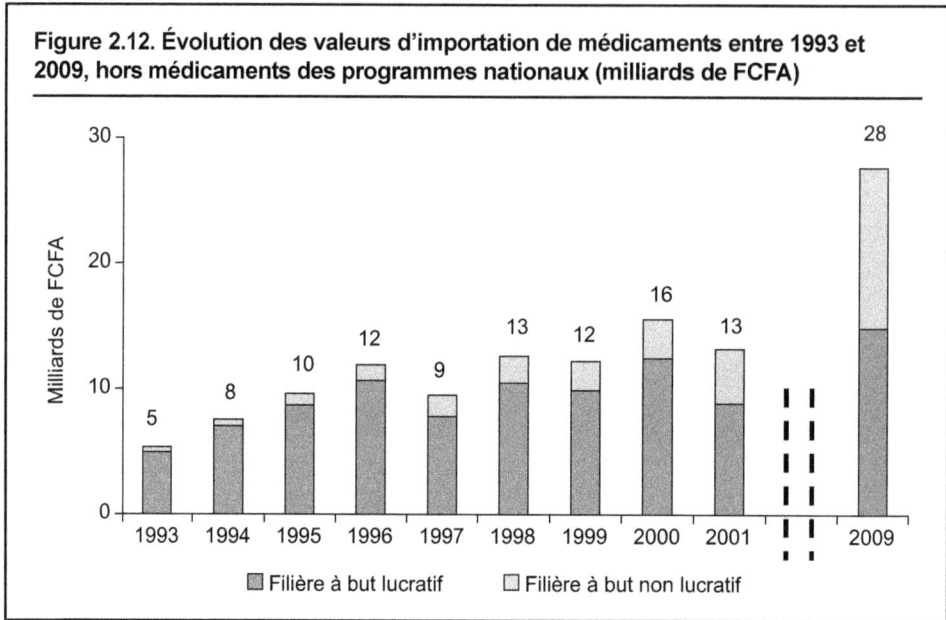

*Source :* Auteurs.

Cette modification de la structure des importations s'est produite au sein d'un marché global en très forte progression (+480 %). Elle traduit ainsi la montée en charge de la CAMEG qui a su remplir avec de plus en plus d'efficacité son mandat d'approvisionner les formations sanitaires publiques en médicaments.

En 2009, la valeur totale de consommation des deux segments[121] était de l'ordre de 51 milliards de FCFA (voir tableau 2.11) dont 24,3 milliards de FCFA (48 %) pour la filière à but non lucratif[122] (hors programmes nationaux) et 26,4 milliards de FCFA

Tableau 2.11. Estimation de la valeur du marché du médicament en 2009, hors médicaments des programmes nationaux selon les filières de distribution (milliards de FCFA)

| | Filière à but lucratif (1) | Filière à but non lucratif (2) | Ensemble |
|---|---|---|---|
| Valeur d'importation | 14,9 | 12,8 | 27,7 |
| Prix de revient | 16,2 | | |
| Marge de gros | 3,7 | 3,2 | |
| Prix de cession grossiste | 18,6 | 16,0 | |
| Cessions CAMEG aux pharmacies d'officine | 2,3 | | |
| Marge des DRD | | 1,4 | |
| Prix de cession DRD | | 17,4 | |
| Marge des pharmacies sur cessions CAMEG | 1,8 | | |
| Marge de détail sur cessions grossiste ou DRD | 6,0 | 6,9 | |
| Prix public | 26,4 | 24,3 | 50,7 |
| *Coefficient multiplicateur* | *1,77* | *1,90* | *1,83* |

*Sources :* IMS Health (2009), CAMEG (2009) et estimations du consultant.

(52 %) pour la filière à but lucratif[123], ce qui correspond à une dépense annuelle per capita de l'ordre de 3 500 FCFA (7,5 dollars américains). Cependant, compte tenu de la structure des dépenses des différents quintiles de revenu, cette dépense moyenne correspond à 300 FCFA pour les individus du quintile le plus pauvre (Q1) et près de 12 000 FCFA pour ceux du quintile le plus aisé (Q5).

Si la situation financière de la CAMEG est très saine[124] et lui permet d'accorder des facilités de paiement à ses clients et d'améliorer sa couverture géographique, et donc d'élargir l'accès des MEG à la population, ce n'est pas le cas de toutes les pharmacies d'officine. Le rythme d'accroissement de leur nombre a été, ces 25 dernières années, plus rapide que celui de leurs ventes, entraînant ainsi une diminution de leur chiffre d'affaires moyen (voir figure 2.13). Même si cette tendance s'est inversée depuis les années 2000 et même si leur chiffre d'affaires moyen tend à remonter depuis cette période, il se situait en 2009 à un niveau inférieur à celui de 1996 (156 millions de FCFA contre 242 millions de FCFA). Cette situation, compte tenu de la variation de la parité FCFA/€ entre ces deux dates, correspond à une diminution de près de 20 % (à taux de change constant et hors inflation), traduisant ainsi une dégradation de leurs marges moyennes qui a entraîné la précarité économique de certaines d'entre elles[125].

Bien que le rythme de création de nouvelles pharmacies d'officine ait nettement diminué depuis 2009, du fait de critères d'implantation plus rigoureux[126] (+4,2 % en taux moyen annuel contre + 12,7 % pour la période 1993-2001), il faudra probablement encore plusieurs années avant que le secteur de la vente de détail du segment de marché à but lucratif retrouve une situation stable et un niveau moyen de profit satisfaisant. Cependant la récente reprise des ventes sur ce segment de marché pourrait accélérer ce processus ; en effet, selon *IMS Health*, la croissance du marché à but lucratif a été, au

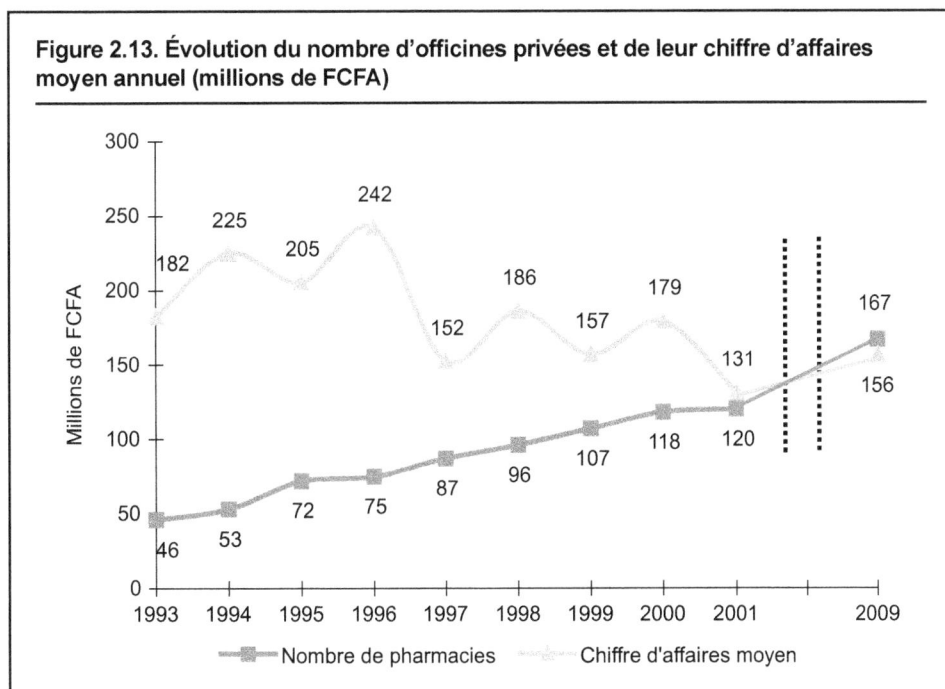

**Figure 2.13. Évolution du nombre d'officines privées et de leur chiffre d'affaires moyen annuel (millions de FCFA)**

*Source :* Auteurs.

Burkina Faso, de 7,6 % entre 2008 et 2009 (chiffre d'affaires : 22,7 millions d'euros, soit 14,9 milliards de FCFA) et de 14,2 % entre 2009 et 2010 (chiffre d'affaires : 25,9 millions d'euros, soit 17,0 milliards de FCFA). Le Burkina Faso fait partie avec le Togo, le Mali et le Bénin du groupe des quatre pays africains connaissant les plus forts taux de croissance depuis 2008[127].

B. Prix

Le niveau des prix publics est très différent selon les segments de marché : les prix sont beaucoup plus élevés dans le segment de marché à but lucratif que dans le segment de marché à but non lucratif. Ces différences ont deux causes : le niveau des prix d'achat et celui des prix de vente. Les prix d'achat sont fonction de la nature des médicaments commercialisés, de l'origine géographique de leurs fabricants et de leurs modalités d'acquisition ; les prix de vente sont fonction des modalités de rémunération des filières de distribution.

*Prix d'achat*

La CAMEG ne commercialise que des médicaments essentiels génériques (MEG), c'est-à-dire des copies de médicaments dont le brevet est arrivé à expiration, dont les principes actifs sont accessibles sur le marché international et les prix négociables. Elle s'approvisionne de préférence auprès de fabricants asiatiques dont les prix sont, en général, plus bas que ceux des fabricants européens et nord-américains. Ses modalités d'achat sont basées sur la concurrence : appels d'offres internationaux restreints limités à une liste de fournisseurs répondant au couple « produits/producteurs » pré-qualifiés.

S'agissant des grossistes importateurs à but lucratif, on distingue deux cas :

- Les grossistes importateurs[128] liés à des centrales d'achat implantées en France. Ils s'approvisionnent essentiellement auprès de leurs centrales d'achat en médicaments commercialisés sous noms de marque (spécialités et génériques) mais également, dans une moindre mesure, sous DCI[129]; ces médicaments sont en majorité d'origine française[130]; les différences entre les prix d'achat de ces centrales d'achat auprès des mêmes fabricants sont minimes[131] et la concurrence n'a aucune influence.
- Les grossistes importateurs indépendants qui s'approvisionnent au « coup par coup » en fonction des opportunités du marché, à prix variables, mais avec des écarts de prix également faibles.

*Prix de vente*

Ils sont déterminés par la valeur des marges appliquées sur les prix d'achat.

- Dans le segment à but non lucratif, la procédure de fixation des prix publics comprend plusieurs étapes : *a*) la CAMEG calcule son prix de revient puis y applique une marge *ad valorem* ne devant pas excéder 25 % ; *b*) la DGPML valide les prix de cession de la CAMEG et propose à une commission ad hoc les prix de cession des DRD, en y appliquant un taux de marge de 10 % ; et *c*) le prix public que doivent appliquer les formations sanitaires périphériques (CSPS et CM/CMA) est ensuite calculé en appliquant sur le prix de cession DRD un taux de marge d'environ 40 % (voir figure 2.14).

Figure 2.14. Mécanisme de formation des prix de vente au public

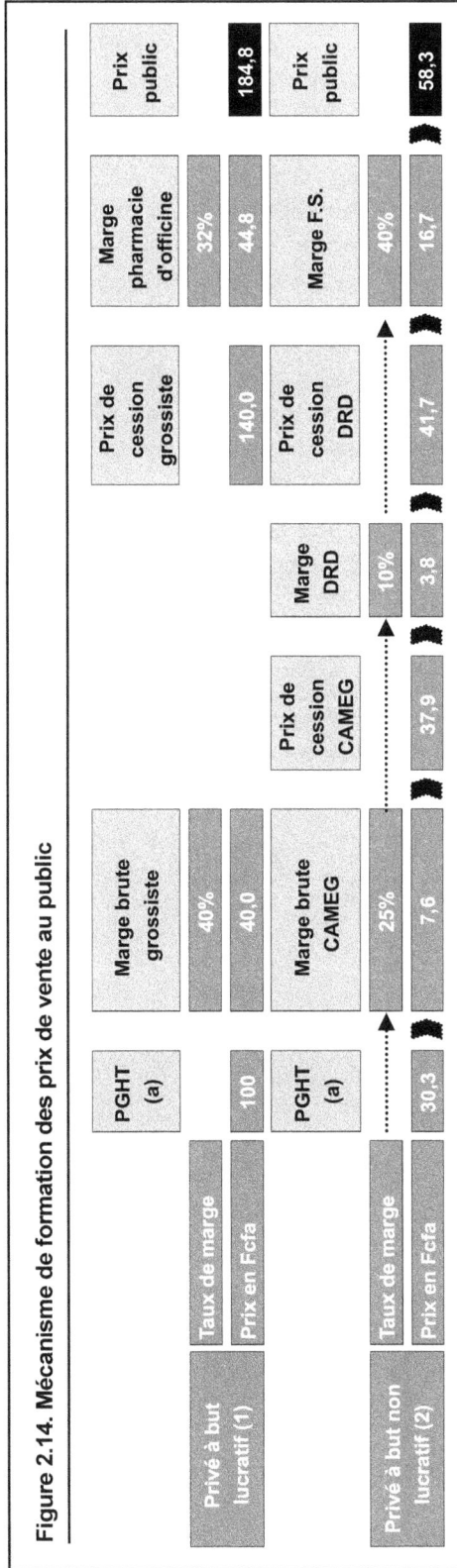

*Sources* : Estimation du consultant d'après les fichiers EURAPHARMA et BDBF ; CAMEG.
*Note* : a. Pour tenir compte des écarts de prix d'achat, le PGHT de la CAMEG est de 3,3 fois inférieur à celui des grossistes à but lucratif.

◈ Dans le segment de marché à but lucratif, la procédure de fixation des prix publics comprend deux étapes : *a*) les grossistes importateurs établissent leur prix de cession aux officines, en appliquant sur le PGHT un taux de marge d'environ 40 %[132]; ce taux inclut les frais entre PGHT et les prix DDP[133] et une rétrocession à la centrale d'achat lorsqu'elle existe ; *b*) le pharmacien d'officine applique, sur le prix de cession grossiste ainsi calculé, un taux de marge de 32 % pour calculer son prix de vente[134]. Les différences qui existent à l'origine entre les PGHT sont atténuées par les différences entre les taux de marge des grossistes et ainsi, le prix de vente d'un même médicament est, à quelques F CFA près, le même dans toutes les pharmacies d'officine. Ainsi, la libéralisation des prix décidée en 1994, suite à la dévaluation du FCFA[135], n'a eu que peu d'effets : la baisse des prix qui aurait dû en résulter ne s'est jamais produite et la concurrence ne joue, depuis, que très peu : les prix entre médicaments identiques (même dénomination commerciale, même molécule, même forme pharmaceutique et même dosage) sont quasi identiques d'une pharmacie à l'autre.

Ce mécanisme de formation des prix ne s'applique cependant pas aux MEG que fournit la CAMEG aux pharmacies d'officine, pour lesquels la marge correspond à la différence entre prix de cession CAMEG et prix public fixé par arrêté interministériel comme expliqué plus haut. Exprimées en pourcentage, ces marges correspondent à des taux qui peuvent parfois excéder 100 % (voir figure 2.15).

**Figure 2.15. Prix d'achat, prix de vente et marges commerciales des MEG les plus vendus, fournis par la CAMEG aux pharmacies d'officine privées (valeurs en FCFA)**

|  | Prix cession CAMEG | Prix vente au public (arrêté) | Marge brute en valeur absolue | Marge brute en valeur relative |
|---|---|---|---|---|
| Ampicilline 1g inj | 135,4 | 250,0 | 114,6 | 85% |
| Amoxicilline 500 mg gel | 28,0 | 45,0 | 17,1 | 61% |
| Amoxicilline 250 mg sp | 334,1 | 500,0 | 165,9 | 50% |
| Cotrimoxazole. 480 mg cp | 7,9 | 10,0 | 2,1 | 26% |
| Ibuprofène 400 mg cp | 7,0 | 12,0 | 5,1 | 73% |
| Paracétamol 500 mg cp | 3,4 | 8,0 | 4,6 | 135% |
| Quinine 300 mg cp | 32,3 | 40,0 | 7,7 | 24% |

*Source :* Bansse (2010).

Compte tenu du fait que les mécanismes de formation des prix de vente sont identiques dans les deux segments (marges *ad valorem*) et que les prix d'achat du segment lucratif sont beaucoup plus importants que ceux du segment non lucratif[136], les prix de vente du segment lucratif sont beaucoup plus élevés que ceux du segment à but non lucratif : une comparaison réalisée dans les deux segments de marché, sur un échantillon composé des 60 médicaments les plus vendus dans le segment à but lucratif[137], fait apparaître un écart moyen de l'ordre de 3,3 ; la même comparaison réalisée sur les prix de vente de traitement de trois pathologies traceuses (IRA chez l'adulte et l'enfant et une IST) présentent des écarts de prix allant de 1,8 à 2,5 et 6,0 (voir tableau 2.12).

**Tableau 2.12. Estimation des prix de traitements traceurs aux prix de vente dans les secteurs public et privé**

| Traitements | Prix unitaires | | Quantités | Prix des traitements | | Privé / public |
| --- | --- | --- | --- | --- | --- | --- |
| | Secteur public | Secteur privé | | Secteur public | Secteur privé | |
| **IRA chez l'adulte** | | | | | | |
| Amoxicilline 500mg, blister cp | 45,0 | 85,9 | 18 | 810,0 | 1 545,3 | |
| Paracétamol 500mg blister cp. | 8,0 | 4,2 | 10 | 80,0 | 41,8 | |
| total | | | | **890,0** | **1 587,1** | **1,8** |
| **IRA chez l'enfant** | | | | | | |
| Amoxicilline 250mg/5ml susp. buv. | 500,0 | 1337,9 | 1 6 | 500,0 | 1 337,9 | |
| Paracétamol 500mg blister cp. | 8,0 | 4,2 | | 48,0 | 25,1 | |
| total | | | | **548,0** | **1 363,0** | **2,5** |
| **IST** | | | | | | |
| Benzyl pénicilline 1MUI inj. | 100,0 | 847,5 | 2 | 200,0 | 1 694,9 | |
| Cotrimoxazole 480mg blister cp. | 10,0 | 42,4 | 28 | 280,0 | 1 186,4 | |
| total | | | | **480,0** | **2 881,3** | **6** |

*Sources :* CAMEG (2009), prix indicatifs secteur privé sur base du tarif EURAPHARMA et auteurs.

## C. Qualité

- La qualité des médicaments distribués dans le segment à but lucratif est garantie par les laboratoires fabricants qui ont obligation d'enregistrer, auprès de la DGPML, leurs médicaments commercialisés au Burkina Faso. À cette fin ils déposent une copie du dossier d'AMM de ces médicaments obtenu dans le pays d'origine. Exception faite de certains génériques[138], les médicaments commercialisés dans ce segment de marché sont fabriqués et consommés dans leur pays d'origine.

- Les médicaments distribués par la CAMEG suivent en principe la même règle, mais il arrive qu'elle commercialise des médicaments retenus par appel d'offres avant que leur procédure d'enregistrement auprès de la DGPML soit achevée. Par ailleurs, la CAMEG a mis en place un système d'assurance qualité s'appuyant sur la présélection des fournisseurs et des médicaments et un contrôle de qualité. Sur la base de ce système, la CAMEG assure que tous les MEG dont elle gère l'importation et la distribution présentent la même bio-disponibilité, voire la même bio-équivalence que les médicaments princeps qu'ils copient.

- En aval de la chaîne de distribution, dans les pharmacies d'officine privées, la qualité des prestations offertes (présence du pharmacien, pratiques de dispensation, bon usage du médicament) est contrôlée par la DGPML et les instances ordinales[139]. Cependant, faute de moyens suffisants, ce contrôle n'est pas assuré de façon régulière.

### Utilisateurs

En l'absence de données plus récentes, les données utilisées sur les comportements des consommateurs vis-à-vis du médicament et les motivations de leur choix de lieu d'acquisition proviennent d'une étude datant de 1999[140]. Cette étude (voir tableau 2.13) révèle que :

**Tableau 2.13. Déterminants des lieux d'achat des médicaments**

| | Dépôt public | Pharmacie d'officine | Dépôt privé non lucratif | Dépôt privé lucratif | Vendeur itinérant |
|---|---|---|---|---|---|
| Proportion d'usagers déclarant utiliser cette structure | 88 % | 37 % | 34 % | 23 % | 14 % |
| ***Principale raison du choix :*** | | | | | |
| Moins cher | 52 | | 74 % | | 80 % |
| Proximité | 49 % | | 33 % | | |
| Par habitude | 33 % | 20 % | | 13 % | |
| Meilleure qualité | 33 % | 24 % | | 13 % | |
| Conseil du "docteur" | 28 % | 17 % | | | |
| Introuvable ailleurs | | 49 % | 24 % | 60 % | |
| Meilleur accueil | | 28 % | | | |
| Achat à l'unité | | | | | 48 % |
| Ordonnance non exigée | | | | | 36 % |
| Pas besoin de se déplacer | | | | | 26 % |
| Possibilité de crédit | | | | 17 % | |

*Source :* Pharmaciens sans Frontières (1999).

- Pour acquérir des médicaments, les patients se rendent de préférence dans les dépôts publics[141] (88 %) plutôt que dans les pharmacies d'officine (37 %), les dépôts privés non lucratifs (34 %), les dépôts privés lucratifs (23 %) et auprès des vendeurs itinérants (14 %)[142].
- Les deux premières raisons de ces choix sont : a) pour les dépôts publics : le moindre coût des médicaments (52 %) et leur proximité (49 %) ; b) pour les pharmacies d'officine : l'absence d'un autre point de vente à proximité (49 %) et la meilleure qualité des produits qui y sont distribués (24 %) ; c) pour les dépôts privés non lucratifs : le moindre coût des médicaments (74 %) et leur proximité ; d) pour les dépôts privés lucratifs : l'absence d'un autre point de vente à proximité (60 %) et la possibilité d'y obtenir un crédit (17 %) ; et e) pour les vendeurs itinérants : le coût moindre des médicaments (80 %) et la possibilité d'acheter les médicaments à l'unité.

Il ressort de ces résultats que la dimension économique est présente dans tous les cas de figure : médicaments moins chers (dépôts privés non lucratifs, dépôts publics et vendeurs itinérants) et possibilité d'obtenir un crédit (dépôts privés non lucratifs).

Le prix des médicaments est donc bien la préoccupation majeure des patients, qui dépasse de loin la qualité des médicaments vendus et l'accueil qui leur est réservé.

### Complémentarité/partenariat avec le secteur public

#### A. Partenariat public/privé

Bien que la CAMEG soit une entreprise de droit privé (à but non lucratif) c'est-à-dire d'un statut identique à de nombreux ESPS confessionnels ou ONG, sa vocation originelle de structure chargée d'approvisionner les formations sanitaires du secteur public lui vaut d'être considérée par les opérateurs du segment privé lucratif (grossistes importateurs et pharmaciens d'officines) comme une structure publique.

À ce titre, ses cessions de MEG aux pharmacies privées peuvent être considérées comme un modèle de partenariat public/privé. En effet, cette structure « publique » s'associe à des structures privées, à leur demande, pour leur permettre de mettre à la disposition des patients des MEG de qualité à des prix beaucoup moins élevés que ceux des médicaments ou génériques de marque équivalents.

## B. Complémentarité public/privé

Les formations sanitaires publiques disposant d'un point de vente de médicaments sont assez bien réparties sur le territoire national[143] : 1 500 structures réparties dans les 63 districts sanitaires contre seulement 167 pharmacies d'officine privées qui sont fortement concentrées (plus de 80 % à Ouagadougou et Bobo Dioulasso), et 550 dépôts essentiellement ruraux. La gamme de médicaments qu'elles délivrent est cependant volontairement plus restreinte et se limite aux 227 molécules de la LNME[144] alors que les pharmacies d'officine commercialisent environ 3 000 références de médicament.

Tous les médicaments n'étant pas disponibles dans les formations sanitaires publiques, il n'est pas rare que les prescriptions qui y sont faites, notamment dans celles des deuxième et troisième niveaux de soins (CHU, CHR), incluent des médicaments que les patients doivent acquérir dans les pharmacies d'officine[145, 146]. C'est en particulier le cas pour les affections de longue durée[147], pour lesquelles une ou deux molécules au maximum sont inscrites sur la LNME.

Cette nécessité qu'ont les patients dans ces cas particuliers correspond de fait à une relative complémentarité entre les deux secteurs de soins, le secteur privé suppléant, pour ces besoins spécifiques et limités, le secteur public.

### État de la réglementation

Le dispositif juridique et réglementaire régissant le médicament est assez complet et touche l'ensemble de la problématique :

- Textes de portée générale : Code de la santé publique et document de politique pharmaceutique nationale (actuellement en relecture).
- Textes régissant le monopole pharmaceutique : *a)* réglementation de l'importation de la détention et de la vente des consommables médicaux ; *b)* réglementation de la distribution des produits sous monopole pharmaceutique ; et *c)* Nomenclature nationale des spécialités pharmaceutiques et médicaments génériques autorisés au Burkina Faso.
- Textes régissant les prix des médicaments dans les secteurs public et privé : *a)* organisation de la concurrence au Burkina Faso et textes d'application ; *b)* création d'une commission des prix des produits pharmaceutiques au Burkina Faso ; et *c)* fixation des prix de vente au public des médicaments essentiels génériques, des consommables médicaux dans les formations sanitaires publiques et privées à but non lucratif et des consommables médicaux essentiels et des médicaments essentiels génériques sous DCI.

▨ Textes concernant l'exercice professionnel officinal : *a*) Code de déontologie des pharmaciens ; attribution ; *b*) organisation et fonctionnement de la Direction des services pharmaceutiques ; *c*) modalités de contrôle qualité des médicaments produits et articles de santé ; *d*) critères d'implantation des officines pharmaceutiques ; *e*) conditions de création et d'ouverture d'une officine pharmaceutique ; *f*) condition d'exploitation d'un dépôt privé de médicaments ; *g*) réglementation du transfert d'une officine pharmaceutique privée ; et *h*) condition d'exploitation d'une officine pharmaceutique privée.

▨ Textes concernant la nomenclature pharmaceutique nationale : *a*) réglementation de l'importation, de la détention et de la vente des consommables médicaux ; *b*) Nomenclature nationale des spécialités pharmaceutiques et médicaments génériques autorisés ; *c*) définition de la liste des médicaments pouvant être détenus et délivrés par les dépôts privés de médicaments ; et *d*) Nomenclature nationale des spécialités pharmaceutiques et médicaments génériques.

▨ Textes relatifs à la CAMEG : *a*) création d'une Centrale d'approvisionnement en médicaments essentiels génériques ; et *b*) convention entre le Gouvernement du Burkina Faso et la Centrale d'approvisionnement en médicaments essentiels génériques.

▨ Textes régissant le médicament hospitalier : *a*) Loi hospitalière ; *b*) organisation de la Pharmacie hospitalière, *c*) conditions d'exploitation d'une pharmacie hospitalière ; et *d*) définition de la liste des médicaments hospitaliers.

▨ Textes concernant la tarification douanière et la fiscalité : *a*) suppression du droit de douane sur les produits pharmaceutiques ; et *b*) suppression totale des droits et taxes de douane sur les médicaments essentiels génériques.

*En résumé :*

▨ *En l'absence d'une production locale de médicaments, le marché privé du médicament est exclusivement un marché d'importation.*

▨ *Il comprend : a) un grossiste importateur de statut non lucratif (CAMEG) chargé de l'approvisionnement des formations sanitaires publiques, qui représente 48 % du marché total en valeur de vente (24,3 milliards de FCFA), et b) huit grossistes importateurs de statut lucratif qui approvisionnent les pharmacies privées qui représentent 52 % du marché total en valeur de vente (26,4 milliards de FCFA).*

▨ *Le marché illicite du médicament est important et préoccupe à la fois les opérateurs (il constitue une entrave à la concurrence) et l'administration (maladies iatrogènes et apparitions de pharmaco résistances).*

▨ *Le segment lucratif distribue essentiellement des génériques de marque et des spécialités, le segment non lucratif distribue exclusivement des médicaments essentiels génériques.*

▨ *Les prix de vente des médicaments sont établis de façon identique dans les segments lucratif et non lucratif par application, sur les prix d'achat, de marge ad valorem.*

▨ *Les prix de vente du segment non lucratif sont en moyenne trois fois moins élevés que ceux du segment lucratif.*

▨ *Il existe depuis 2001 un partenariat entre la CAMEG et les 167 pharmacies privées du pays pour la vente au public de MEG à bas prix.*

## Assurance et financement

*Assurance*

A. Situation actuelle

Moins de 4 % de la population bénéficie d'un système de couverture du risque maladie (voir tableau 2.14). Un épisode de maladie est donc souvent l'occasion, pour les ménages les plus démunis, de basculer dans la précarité.

**Tableau 2.14. Couverture du risque maladie**

| Type de couverture | Sexe | | Ensemble |
|---|---|---|---|
| | Masculin | Féminin | |
| Aucun | 94,6 % | 98,0 % | 96,3 % |
| Carfo | 3,0 % | 1,2 % | 2,1 % |
| Cnss + Assurance | 1,9 % | 0,7 % | 1,3 % |
| Assurance | 0,2 % | 0,0 % | 0,1 % |
| Carfo + Assurance | 0,1 % | 0,0 % | 0,1 % |
| Cnss + Assurance | 0,2 % | 0,1 % | 0,2 % |
| Ensemble | 100 % | 100 % | 100,0 % |

*Source :* Enquête annuelle sur les conditions de vie des ménages (INSD 2005).

Pour atténuer l'impact de cette situation, des mécanismes alternatifs couvrent partiellement certains risques :

- Dans le secteur public. L'État a pris plusieurs décisions : gratuité de certains actes et traitements (vaccination, CPN, lèpre, tuberculose, filariose, VIH/sida, etc.) et mise en place de subventions (SONU, moustiquaires imprégnées).
- Dans le secteur privé. Six compagnies d'assurances privées ont développé une branche maladie : Société nationale d'assurance et de réassurance, Alliance générale de professionnels, Union des assurances du Burkina Faso, Générale des assurances, Colina assurance et Raynal assurance. Elles proposent aux différents souscripteurs deux formules d'assurance : l'assurance maladie individuelle et l'assurance maladie de groupe.
- Dans le secteur associatif. De nombreuses mutuelles ont été mises en place par les communautés avec l'appui d'ONG, du Ministère de la santé et des partenaires au développement. Il existe ainsi un réseau de très petites structures mutualistes ou d'entraide : 102 mutuelles de santé dont certaines bénéficient d'appuis financiers des PTF (OMS, Pays-Bas, Coopération française et UNICEF), 22 caisses de solidarité, sept systèmes de partage des coûts et 14 systèmes mixtes associant l'assurance et le microcrédit.

Face à cette situation, l'État a décidé de mettre en place une assurance maladie universelle basée sur la solidarité nationale, l'équité et l'égalité de traitement, garantissant à tous, sans discrimination, l'accès à des services de base en fonction des besoins plutôt que du revenu et placée sous la responsabilité de l'État dans le cadre d'un système de gestion paritaire (État - Bénéficiaires).

L'enquête EAPS 2010 illustre le fait que, parmi les patients recevant des soins dans des ESPS, une part non négligeable d'entre eux bénéficie d'une couverture du risque maladie à travers une assurance privée ou une mutuelle. Cette proportion est plus importante dans les établissements offrant des consultations ou des actes spécialisés, tels que les cabinets dentaires (80 %), les laboratoires d'analyse (100 %), les polycliniques (100 %) et les cliniques (71 %), que dans les CSI (26 %) et les CSPS (18 %). Concernant les CM/CMA où cette proportion n'est que de 44 %, ce pourcentage procède en partie du fait que la totalité de ces structures, dans l'échantillon, sont des établissements conventionnés (tableau 2.15).

**Tableau 2.15. Proportion de patients ayant recours à des soins et bénéficiant d'une couverture totale ou partielle du risque maladie**

| | | ESPS du groupe 1 | | | | | ESPS du groupe 2 | | |
|---|---|---|---|---|---|---|---|---|---|
| | | CSI | Cabinets dentaires | CSPS | Laboratoires d'analyses | Cliniques acct. | Poly cliniques | Cliniques | CM CMA |
| Avez-vous des patients dont les dépenses sont en totalité ou en partie payées par une assurance privée ou une mutuelle ? | Oui | 26 % | 80 % | 18 % | 100 % | 29 % | 100 % | 71 % | 44 % |
| | Non | 74 % | 20 % | 82 % | 0 % | 71 % | 0 % | 29 % | 56 % |
| Avez-vous des patients dont les dépenses sont en totalité ou en partie payées par leur employeur ? | Oui | 35 % | 60 % | 46 % | 100 % | 14 % | 75 % | 57 % | 11 % |
| | Non | 65 % | 40 % | 54 % | 0 % | 86 % | 25 % | 43 % | 89 % |

*Source :* Enquête EAPS 2010.

On retrouve des proportions semblables chez les patients pour lesquels une partie, ou la totalité de la dépense, est payée par leur employeur.

Cette situation montre assez clairement que l'activité des ESPS est fortement dépendante de la prise en charge des dépenses de leurs patients par un système de prise en charge financière.

B. LE PROJET D'AMU

Le projet sera articulé autour de:

- Quatre fonctions: immatriculation et recouvrement, gestion du risque, gestion des prestations et système d'information ;
- Deux outils : l'assurance maladie obligatoire (AMO) et l'assurance maladie volontaire (AMV) ;
- Une structure délégataire occupant la fonction d'assureur ;
- Plusieurs structures déléguées choisies en fonction de leur spécialité ;
- Deux régimes : contributif et non-contributif.
- Il sera financé à partir de quatre sources:
- Des cotisations provenant des employeurs et des travailleurs salariés (branche AMO), des acteurs de l'économie informelle et du secteur agricole (branche AMV) ;
- Des ressources fiscales provenant de taxes spéciales ;
- Des ressources provenant de la réallocation des dépenses ;
- Des ressources provenant des partenaires financiers internationaux.

L'AMU constitue une opportunité pour le secteur privé de soins:

- Elle offrira la possibilité de rendre solvable la demande de soins, aujourd'hui principal élément bloquant l'expansion du secteur privé ;

- Elle offrira la possibilité de contractualiser le secteur privé de soins : nomenclature, actes et tarifs devant entraîner une amélioration de la qualité des soins ;
- Elle permettra d'améliorer les taux d'utilisation des services privés de soins ;
- Elle contribuera sérieusement à limiter le recours des populations au marché illicite du médicament.

Calendrier prévisionnel

- 2009–2010 (cadrage et organisation) : études et construction, préparation ;
- 2011 (lancement du système) : 100 % du secteur formel et 5 % du secteur informel ;
- 2013 (étape intermédiaire) : totalité du secteur formel et 30 % du secteur informel ;
- 2015 (1er stade de maturité) : 50 % du secteur informel.

État d'avancement du projet

Actuellement, le projet a avancé sur quatre grands chantiers :

- Définition du panier de base : étude diagnostique et étude sur la définition du panier de base ;
- Communication et plaidoyer : conférences et partenariats (OMS, BIT, Banque mondiale ; ONUSIDA) ;
- Gouvernance financière : collecte de donnés provisoires et projections tests (logiciel SIMINS) ;
- Système de gestion : étude sur les structures d'affiliation, démarrage de la réflexion mécanique.
- Le processus n'en est donc qu'à son début et il faudra probablement plusieurs années avant de voir aboutir ce projet fondamental pour le développement du secteur privé.

*En résumé :*

- *Il n'existe pas de système national d'assurance maladie. En contrepartie, l'État a instauré la gratuité de certains actes et traitements (vaccination, CPN, lèpre, tuberculose, VIH/sida, etc.) et mis en place des subventions ciblées (SONU, moustiquaires imprégnées).*
- *L'absence de système national d'assurance maladie se traduit par le fait que seuls 4 % de la population bénéficient d'une couverture partielle du risque maladie (assurances privées ou employeurs).*
- *Une part non négligeable des patients recevant des soins dans les ESPS bénéficient d'une couverture du risque maladie ou d'une prise en charge directe de leur employeur, surtout au niveau des ESPS hospitaliers, des laboratoires et cabinets dentaires.*
- *Il existe un projet d'AMU actuellement en cours de conception, basé sur l'AMO (travailleurs salariés) et sur l'AMV (travailleurs non-salariés des secteurs formels et informels) dont les objectifs sont ambitieux.*

*Financement*

A. LES MÉNAGES RESTENT LES PLUS GROS CONTRIBUTEURS DU FINANCEMENT DE LA SANTÉ

L'analyse des dépenses totales de santé par sources de financement (voir figure 2.16) montre que la part relative des ménages a diminué régulièrement ces dernières années (38 % en 2008 contre 51 % en 2003). Parallèlement, celle des financements publics

**Figure 2.16. Évolution de la part de financement des principaux contributeurs aux dépenses de santé**

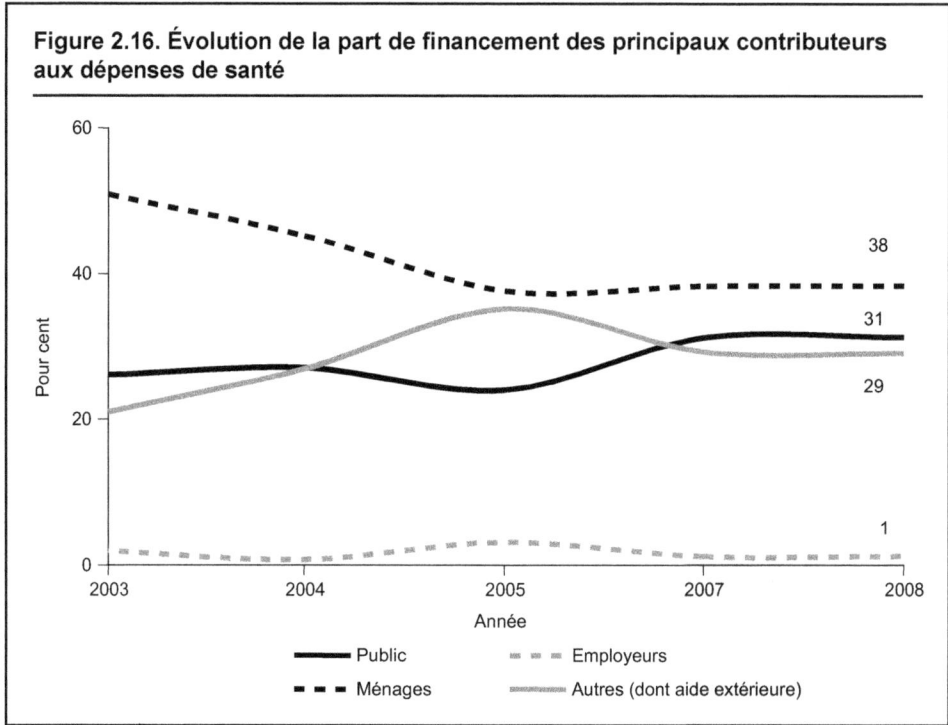

*Sources :* Rapport sur les Comptes Nationaux de la Santé 2005 (Ministère de la santé 2008, 2010).

progresse (31 % contre 26 %), comme celle des financements extérieurs[148] qui gagnent neuf points (20 % contre 29 %). La part « employeurs privés »[149], quant à elle, stagne autour de 1 %. La contribution annuelle des ménages s'élèverait ainsi en 2008 à près de 100 milliards de FCFA.

B. Les soins curatifs ambulatoires ne représentent qu'une très faible partie de la dépense des soins de santé

En 2008, les produits pharmaceutiques[150] et les soins curatifs hospitaliers[151] étaient les deux premiers postes de dépense en soins de santé : 29 % de la dépense totale, soit 73,8 milliards de FCFA (dont environ 50 milliards de FCFA de médicaments au sens strict, distribués dans les officines et dépôts privés et les points de vente des établissements de soins publics) pour les premiers, et 22 % (55,6 milliards de FCFA) pour les seconds (voir tableau 2.17), très loin devant les dépenses de biens et services ambulatoires (analyses médicales et soins curatifs)[152] qui ne représentent que 5 % de la dépense totale (14,2 milliards de FCFA).

La structure des données des CNS ne permet pas de déterminer directement la part relative du secteur privé pour ces catégories de dépenses, mais leur recoupement avec d'autres sources d'information permet de le faire d'une façon approximative (voir tableau 2.16):

▨ Les dépenses en médicaments sont majoritairement effectuées dans le secteur privé : 57 % (28 milliards de FCFA contre 21 milliards dans le secteur public).

▨ Les dépenses d'analyses de biologie médicale sont considérées être effectuées en totalité dans le secteur privé[153] : 11,2 milliards de FCFA.

▨ Les soins curatifs ambulatoires sont majoritairement effectués dans le secteur public : 83 % soit 2,5 milliards de FCFA (clé de répartition des dépenses : nombre de structures de soins curatifs dans chaque secteur).

▨ Les soins curatifs en milieu hospitalier sont majoritairement effectués dans le secteur public : 84 %, soit 46,5 milliards de FCFA (clé de répartition des dépenses : nombre de lits dans chaque secteur).

**Tableau 2.16. Principaux postes de la dépense en soins de santé**

|  | 2007 | | 2008 | | Δ 2007–2008 |
|---|---|---|---|---|---|
|  | Millions FCFA | % | Millions FCFA | % | % |
| Produits pharmaceutiques et autres biens médicaux non durables | 64 833 | 29 % | 73 845 | 29 % | 14 % |
| Prévention des maladies transmissibles (dont palu, TB et VIH) | 42 319 | 19 % | 58 314 | 23 % | 38 % |
| Soins curatifs en milieu hospitalier | 43 593 | 20 % | 55 406 | 22 % | 27 % |
| Administration générale de santé : publique sauf sécurité sociale | 18 748 | 9 % | 16 218 | 6 % | −13 % |
| Laboratoires d'analyse médicale pour patients externes | 8 380 | 4 % | 11 195 | 4 % | 34 % |
| Soins curatifs ambulatoires | 14 258 | 6 % | 3 024 | 1 % | -79 % |
| Formation nationale | 1 898 | 1 % | 1 975 | 1 % | 4 % |
| Recherche et développement dans le domaine de la santé | 1 159 | 1 % | 1 209 | 0 % | 4 % |
| Autres dépenses | 24 808 | 11 % | 9 289 | 4 % | −63 % |
| Formation du capital des établissements prestataires de soins de santé | 17 504 | 8 % | 23 765 | 9 % | 36 % |
| Ensemble | 237 500 | 100 % | 254 240 | 100 % | 16 % |

*Source :* Comptes Nationaux de la Santé (Ministère de la santé 2010).
*Note :* Les valeurs 2008 ne sont pas corrigées de l'inflation dont le taux réel était de près de 11 %.

**Tableau 2.17. Répartition des dépenses de santé par secteur (milliards de FCFA)**

|  | Public | Privé | Ensemble |
|---|---|---|---|
| Médicaments | 21,0 | 28,0 | 49,0 |
| Analyses médicales pour patients externes (a) | 0,0 | 11,2 | 11,2 |
| Soins curatifs ambulatoires (b) | 2,5 | 0,5 | 3,0 |
| Soins curatifs en milieu hospitalier (c) | 46,5 | 8,9 | 55,4 |

*Sources :* Comptes Nationaux de la Santé (Ministère de la santé 2010), CAMEG (2009), IMS Health (2009).
*Notes:*
(a) en totalité dans le privé;
(b) répartition public-privé a prorata du nombre d'établissements;
(c) au prorata du nombre de lits

Ainsi, en 2008, sur la base de ces estimations (voir tableau 2.18), les dépenses en soins, médicaments compris, réalisées dans le secteur privé représenterait 41 % des dépenses totales en soins et environ 7,3 dollars américains per capita. La dépense annuelle de soins dans le secteur privé, exclusion faite des médicaments, serait de l'ordre de 20,6 milliards de FCFA, soit 44 millions de dollars (soit 1 500 FCFA per capita ou 3 dollars). Les dépenses de médicament réalisées dans le secteur privé seraient de 28 milliards de FCFA (59,7 millions de dollars) (soit 2 000 FCFA per capita ou 4,3 dollars).

**Tableau 2.18. Récapitulatif des dépenses en soins de santé per capita par grandes catégories**

|  | FCFA | % |
|---|---|---|
| PIB national (1) | 265 000 | 100 % |
| Dépenses des ménages (2) | 185 000 | 69,8 % |
| Dépenses de santé (2) | 18 000 | 6,8 % |
| Dont : | | |
| Prévention (2) | 4 100 | 22,8 % |
| Soins curatifs hospitaliers (2) | 3 900 | 21,7 % |
| Médicaments (2) | 3 500 | 19,4 % |
| Autres produits de santé (2) | 1 700 | 9,4 % |
| Formation du capital (2) | 1 700 | 9,4 % |
| Administration générale de la santé (2) | 1 150 | 6,4 % |
| Autres dépenses (2) | 880 | 4,9 % |
| Analyses biologiques médicale ambulatoires (2) | 790 | 4,4 % |
| Soins curatifs ambulatoires (2) | 210 | 1,2 % |

*Sources :* IMF (2009), CNS 2007–2008.

*En résumé :*

- *La dépense nationale en soins de santé s'élevait, en 2008, à 254 milliards de FCFA (soit 18 000 FCFA par individu). Les plus gros contributeurs à cette dépense sont les ménages (38 %) devant l'État (31 %) et les autres sources de financement (PTF, société civiles, )*
- *La dépense nationale de santé comprend trois grands postes : le médicament (29 %), la prévention des maladies des OMD (23 %) et les soins curatifs hospitaliers (22 %).*
- *Le secteur privé absorbe environ 20 % des dépenses totales de santé (48,6 milliards de FCFA, soit 3 500 FCFA par individu) et près de 41 % de la dépense totale en soins, médicaments compris.*

### Éléments transversaux

*Aspects réglementaires*

- L'analyse des textes relatifs à l'encadrement juridique, législatif et réglementaire du secteur privé de la santé, des résultats de l'enquête, ainsi que les entretiens organisés avec les professionnels exerçant en cabinets libéraux et dans des établissements hospitaliers (polycliniques, cliniques et CMA)[154] permet de dresser les constats suivants :

- Le dispositif législatif et réglementaire est assez complet[155] mais nécessite d'être actualisé et harmonisé. Les textes sont par ailleurs mal ou peu appliqués.
- Il existe des organismes professionnels (instances ordinales, syndicats et associations) permettant d'assurer l'interface entre l'administration et les professions.
- Les professions de soins de santé du secteur privé sont, parmi les professions libérales, les moins bien organisées pour défendre leurs intérêts professionnels auprès de l'administration (à comparer par exemple aux avocats ou aux notaires).
- À l'exception de la pharmacie pour laquelle il est justifié, l'exercice des professions de soins de santé à titre lucratif est injustement assimilé à une activité commerciale et les professionnels doivent, à ce titre, être inscrits au registre du commerce et posséder une carte de commerçant.
- Les textes portant parfois « création » et « ouverture » des établissements privés (soins et pharmacies) entretiennent une certaine confusion entre ces deux notions, ce qui, selon les professionnels, peut présenter des risques en termes de sécurité sanitaire car l'autorisation de création valant, selon certains points de vue, autorisation d'ouverture, de nombreux ESPS exercent alors qu'ils ne disposent pas d'autorisation d'ouverture au sens strict[156].
- Le coût et la durée d'obtention de certains documents exigés pour l'obtention de l'autorisation d'ouverture des ESPS sont jugés trop lourds, notamment les enquêtes de moralité qui sont longues à obtenir (six mois) et dont le coût est perçu comme trop élevé (entre 30 000 FCFA et 50 000 FCFA).
- Le faible niveau de concertation entre les entités impliquées dans l'obtention de l'autorisation d'exercer (administration, instances ordinales) rallonge les délais d'obtention de ces autorisations.
- Les dispositions réglementaires faisant obligation aux agents de l'État de se mettre en situation de disponibilité avant d'exercer dans un ESPS à titre individuel ou dans un établissement ne sont pas respectées.

### Gouvernance

L'application imparfaite du cadre réglementaire qui régit le fonctionnement du secteur privé de la santé représente clairement une entrave au développement harmonieux de ce secteur. La difficulté observée à faire appliquer les règles existantes dans chacun des quatre domaines étudiés et l'absence de sanctions en cas d'infraction renvoient à des faiblesses des structures de contrôle et de répression qui dépassent le cadre de la santé et sur lesquelles le Ministère de la santé n'a pas – ou peu – prise.

Des progrès dans ce domaine passent vraisemblablement par un renforcement tant des structures d'inspection et de contrôle que des instances représentant les professions concernées (Ordres en particulier).

### Droit du travail

La loi n° 028/2008/AN portant code du travail au Burkina Faso[157], récemment adoptée, essaie de concilier la protection des travailleurs et une relative flexibilité du marché du travail que réclament les entrepreneurs[158]. *Doing Business 2010* place le Burkina Faso dans ce domaine, à la 82e place de son échantillon, en recul de trois places par rapport à 2009.

Ce bon classement global concilie : *a*) la flexibilité de l'emploi, le pays étant passé de l'indice 51 en 2008 à l'indice 21 en 2010, devançant très largement des pays voisins :

Sénégal : indice 59, Bénin : indice 40, Côte d'Ivoire : indice 33, Mali : indice 31,et Guinée : indice 24 ; et *b*) la protection des travailleurs en cas de licenciement dont le coût correspond à 34 semaines de salaire contre 31 au Mali, 26 en Guinée, mais 36 au Bénin, 38 au Sénégal et 49 en Côte d'Ivoire.

Conformément aux recommandations du BIT, ce Code du travail est assez favorable aux travailleurs dans de nombreux domaines : discrimination, formation durée légale, indemnisations en cas de licenciement, reconnaissance des syndicats et du droit de grève, conventions collectives, et il institue des tribunaux chargés de régler les conflits du travail et de la conciliation et de l'arbitrage des éventuels conflits.

L'employeur est tenu de déclarer son personnel salarié et de verser à la CNSS une cotisation proportionnelle à l'assiette de cotisation : 16 % à la charge de l'employeur et 5,5 % à la charge de l'employé, prélevés à la source. Ces cotisations couvrent trois risques : la vieillesse[159], les prestations familiales (allocations prénatales et familiales, indemnités journalières et frais de maternité)[160] et les risques professionnels (accidents du travail, invalidité et maladies professionnelles). Au total la CNSS compte un peu moins de 200 000 adhérents, dont 80 % d'hommes, et 28,7 milliards de FCFA de cotisations.

## *Accès au crédit*

L'accès au crédit par les promoteurs souhaitant s'installer ou agrandir une activité existante est perçu comme une difficulté majeure[161]. Cette situation est par ailleurs relevée comme telle dans le rapport annuel 2011 de *Doing Business,* qui situe le Burkina Faso en 151e place, en recul de trois places par rapport à 2010.

### A. Contexte

L'analyse du contexte dans ce domaine très spécifique fait cependant apparaître un constat plus nuancé (Traoré 2010) : *a*) le nombre de banques et établissements financiers est en régulière augmentation et ces établissements tendent vers une plus grande décentralisation ; *b*) la concurrence entre ces établissements est de plus en plus forte, à la recherche de nouveaux clients ; *c*) les établissements financiers affichent une certaine volonté d'accompagner les entreprises. Cependant, l'offre en matière de crédit est encore insuffisante pour accompagner le développement des entreprises et leurs besoins en financement (investissement et fonds de roulement).

Les établissements financiers de leur côté font valoir plusieurs arguments : le manque de solidité financière et l'absence de garanties de nombre d'entreprises, l'insuffisance de leur solvabilité (insuffisance des fonds propres)[162] et parfois leur gestion déficiente (faible fiabilité des données comptables), l'absence de visibilité à moyen et long terme de certains marchés[163] et, concernant plus spécifiquement le secteur de la santé, la méconnaissance par les professionnels de la banque des entreprises de la santé.

### B. Établissements financiers existants

S'agissant spécifiquement de la santé, on distingue trois catégories d'établissement offrant des solutions de financement :

- Les banques classiques. Il en existe une douzaine, dont une est mieux adaptée aux besoins des promoteurs de la santé : Burkina Bail dont les produits sont cependant plus onéreux.
- Les Institutions de micro-finance (IMF)[164]. On distingue : RCPB (CFE, SCM), très proche du promoteur mais dont les produits sont très coûteux, et les autres IMF

(Prodia et beaucoup d'autres) qui présentent comme inconvénients d'être coûteux et de ne fournir que de très petits financements.

▓ Les fonds de garantie SOFIGIB (qui finance jusqu'à 50 % des besoins en financement) et les fonds de garantie spécialisés.

## C. Produits existants

Deux types de crédits destinés aux entreprises sont actuellement disponibles sur le marché : *a)* les crédits destinés au financement de leur fonctionnement : crédits à court terme (moins de deux ans) ; et *b)* les crédits destinés au financement des investissements (création ou extension d'activité) à moyen terme (deux à sept ans) et à long terme (plus de sept ans).

▓ Financement de l'exploitation (taux de 10 % à 11 %). Il s'agit de crédits indexés sur le niveau d'activité, la réalité du marché et le fonctionnement du compte de l'entreprise ouvert auprès de la banque (suivi des mouvements). Ils permettent de financer la trésorerie (autorisations de découverts), l'escompte de papier commercial ou la mobilisation de créances, des facilités de caisse pour pallier à des difficultés temporaires de trésorerie et des crédits documentaires (cautions bancaires).

▓ Financement de l'investissement (taux de 10 % à 13 %). Ils sont plus facilement accessibles pour les extensions d'activité plutôt que pour la création, ils sont basés sur des études de rentabilité de projet (valeur actuelle nette) et l'apport personnel de l'entrepreneur (ou de l'entreprise) sous garantie, d'hypothèque, de DTA, de nantissement du matériel etc.

*En résumé :*

▓ *L'assimilation de l'exercice de toutes les professions de soins de santé à une activité commerciale mérite d'être révisée ; il en va de même des procédures de demande d'autorisation d'ouverture des ESPS.*

▓ *Le dispositif législatif et réglementaire est assez complet mais nécessite d'être actualisé et harmonisé. Les textes sont par ailleurs mal ou peu appliqués.*

▓ *L'application imparfaite du cadre réglementaire existant représente une entrave au développement harmonieux du secteur privé de la santé ; un renforcement des structures d'inspection et de contrôle ainsi que des instances représentant les professions concernées est nécessaire.*

▓ *Le Code du travail en vigueur est assez favorable aux travailleurs ; il oblige notamment l'employeur à affilier son personnel salarié à la CNSS.*

▓ *Le secteur privé de la santé intéresse les banques commerciales dans la mesure où elles y voient un gisement d'activités relativement sûr et rentable et un marché en croissance.*

▓ *La logique est strictement commerciale avec la minimisation du risque. En conséquence les produits proposés sont relativement chers (>10 %).*

▓ *Il n'existe pas de dispositions fiscales adaptées (subventions, allégements fiscaux, mécanisme d'appui au financement) facilitant l'installation ou l'extension des ESPS et leur accès au crédit bancaire est très limité.*

▓ *L'intérêt des banques se limite au remboursement régulier des encours et il n'existe aucune mesure d'accompagnement des promoteurs.*

▓ *La concurrence existe mais ne semble pas induire de diminution du coût des crédits.*

*Fiscalité*

Le Gouvernement a adopté en octobre 2008 une stratégie de réforme de la politique fiscale en vue d'améliorer le taux de recouvrement des recettes fiscales, avec comme objectif de faire progresser d'ici à 2015 le taux de pression fiscale à 17 % du PIB conformément à la norme communautaire de l'UEMOA[165]. Cette stratégie est articulée autour de quatre axes: rationaliser les incitations fiscales, simplifier et moderniser la législation, améliorer la gestion et le rendement des impôts indirects et refondre le système d'imposition des activités informelles. Dans le cadre de la mise en œuvre de cette stratégie, l'Assemblée nationale a adopté en janvier 2010 une série de lois fiscales qui concernent les trois premiers axes.

En attendant les effets de cette réforme, la fiscalité des entreprises est considérée comme peu incitative et peu favorable au développement d'un tissu d'entreprises privées: dans l'enquête EAPS 2010 menée auprès des promoteurs (voir tableau 2.19), les deux-tiers des personnes interrogées (groupes 1 et 2) déclarent avoir le sentiment de payer trop d'impôts (ce sentiment a, par ailleurs été également été évoqué lors des entretiens avec certains promoteurs) et ils sont en moyenne seulement un tiers à déclarer savoir (comprendre) comment les impôts que le fisc leur demande d'acquitter sont calculés.

**Tableau 2.19. Perception des promoteurs sur les impôts qu'ils acquittent**

|  |  | Groupe 1 | | Groupe 2 | | Groupes 1 & 2 | |
|---|---|---|---|---|---|---|---|
| Combien d'impôts/taxes différents payez-vous ? | 3 et moins | 28 | 76 % | 11 | 73 % | 39 | 75 % |
|  | 4 et plus | 9 | 24 % | 4 | 27 % | 13 | 25 % |
| Avez-vous le sentiment de payer trop d'impôts/taxes | Oui | 19 | 73 % | 9 | 53 % | 28 | 65 % |
|  | Non | 7 | 27 % | 8 | 47 % | 15 | 35 % |
| Savez-vous comment les impôts/taxes que vous payez sont calculés par le FISC ? | Oui | 7 | 24 % | 9 | 50 % | 16 | 34 % |
|  | Non | 22 | 76 % | 9 | 50 % | 31 | 66 % |
| Lorsque vous le lui demandez, l'administration fiscale dont vous dépendez vous donne des informations claires sur les impôts que vous payez ? | Oui | 13 | 52 % | 13 | 76 % | 26 | 62 % |
|  | Non | 12 | 48 % | 4 | 24 % | 16 | 38 % |
| Lorsque vous vous adressez aux services fiscaux dont vous dépendez, êtes-vous bien reçu ? | Oui | 26 | 87 % | 12 | 71 % | 38 | 81 % |
|  | Non | 4 | 13 % | 5 | 29 % | 9 | 19 % |

*Source :* Enquête EAPS 2010.

S'agissant des relations avec l'administration fiscale, les personnes interrogées des ESPS des groupes 1 et 2 sont 38 % à considérer que les informations demandées à l'administration fiscale ne sont pas claires (48 % dans les ESPS du groupe 1 et 24 % dans ceux du groupe 2) ; cependant, elles sont plus de 80 % à considérer qu'elles sont bien reçues par les représentants de l'administration fiscale lors de leurs démarches (87 % dans les ESPS du groupe 1 et 71 % dans ceux du groupe 2).

De son côté, *Doing Business in Burkina Faso 2011* place, en matière de fiscalité, le pays à la 151e place sur les 183 pays de son échantillon. Deux des trois critères utilisés pour ce classement présentent de mauvais résultats : le nombre annuel d'opérations de paiement à effectuer chaque année est élevé et en augmentation (46 contre 45 en 2008), et le nombre annuel d'heures consacrées en démarches et opérations de paiement est lui aussi élevé : 270 (soit l'équivalent de plus de six semaines de travail à plein temps), mais beaucoup moins élevé que la valeur moyenne enregistrée pour les pays de l'Afrique subsaharienne de l'échantillon. En revanche, concernant le troisième critère (taux global d'imposition, toutes taxes confondues), exprimé en pourcentage des bénéfices, fait apparaître une relative amélioration : ce taux est passé de 47,6 % en 2008 à 44,9 % en 2010, ce qui correspond à une diminution de l'ordre de 6 %.

A. Impôts sur les bénéfices

En l'absence d'un registre des sociétés civiles et des métiers, les professionnels de la santé qui souhaitent exercer dans le secteur privé doivent s'inscrire au registre du commerce et du crédit mobilier, inscription qui leur confère la qualité de commerçant et non de professionnel de la santé mais, dans la pratique et grâce à la mobilisation des promoteurs privés, l'administration fiscale les considère depuis peu comme appartenant à une profession libérale soumise à l'impôt sur les bénéfices non commerciaux.

La fiscalité applicable à l'exercice de la profession est fonction de la forme juridique retenue. Trois formes juridiques existent : les entreprises individuelles, les sociétés civiles commerciales et la société civile professionnelle[166].

*Les entreprises individuelles*

Ces entreprises sont essentiellement des cabinets de soins en exercice individuel[167]. C'est la règle de la comptabilité de caisse qui s'y applique et qui considère comme recettes les sommes effectivement encaissées. Le professionnel est, par obligation, titulaire d'une carte de commerçant mais le fisc considère désormais son activité comme non commerciale.

*Les sociétés civiles commerciales*

Elles sont de deux types (Sarl et sociétés anonymes), toutes deux considérées comme des entreprises à vocation commerciale et sont, en conséquence, soumises à l'impôt sur les sociétés (loi n° 007-2010/AN)[168]. Là encore, il n'est pas tenu compte de la nature des activités menées, mais de la seule forme juridique. Pour cette catégorie, les règles applicables sont celles de la comptabilité d'engagement sur la base de la facturation[169].

Les sociétés civiles commerciales peuvent être constituées lorsqu'au moins deux praticiens en sont actionnaires[170]. Elles ne sont pas imposées en tant que telles : l'imposition est faite à travers leurs membres sur base de la répartition déclarée des recettes. Ces recettes sont soumises depuis peu à l'impôt sur les bénéfices non commerciaux, comme pour les cabinets privés de soins, de façon progressive par tranches.

**Tableau 2.20. Tranches d'imposition sur les bénéfices des professions non commerciales[171]**

| Tranches de revenu | Taux applicable |
|---|---|
| Personnes physiques | |
| < 500 000 FCFA | 10,00% |
| De 500 0001 à 1 000 000 FCFA | 20,00% |
| > 1 000 000 FCFA | 27,50% |
| Personnes morales | |
| Taux proportionnel | 27,50% |

*Source :* Loi n° 006/2010/AN portant modification du Code des Impôts.

*Les pharmacies d'officine*

Elles sont soumises à l'impôt sur les bénéfices industriels et commerciaux.

*Seuil minimum d'imposition*

Même en cas de déficit, le montant de l'impôt dû ne peut être inférieur à :

- 50 000 FCFA pour les CSI.
- 200 000 FCFA pour les cliniques d'accouchement.
- 300 000 FCFA pour les ESPS relevant du régime réel simplifié.

## B. TVA

Son taux est de 18 %, mais cet impôt indirect ne s'applique pas aux consultations médicales, aux soins et prestations présentant un caractère médical, aux prestations d'hébergement et de restauration fournies aux malades dans les formations sanitaires et aux produits pharmaceutiques vendus dans les pharmacies d'officine.

## C. Autres impôts applicables

Les principales autres taxes sont : la taxe dégressive de protection, la taxe conjoncturelle à l'importation, l'impôt minimum forfaitaire (0,5 % du chiffre d'affaires avec un minimum de 1 000 dollars américains), la taxe patronale d'apprentissage (4 % sur le personnel national et 8 % sur le personnel étranger), l'impôt sur les revenus des valeurs mobilières (taux général 12,5 % pour dividendes et 6 % sur le produit des obligations, la patente (8 % sur les valeurs locatives).

## D. État de la réglementation

- Loi n° 004/2010/AN du 28 janvier 2010 - Texte portant institution d'un livre de procédures fiscales ;
- Loi n°005/2010/AN du 29 janvier 2010 - Texte portant modification de la loi n°26-63/AN du 24 juillet 1963 portant codification de l'enregistrement, du timbre et de l'impôt sur les valeurs mobilières, ensemble des modificatifs ;
- Loi n° 006/2010/AN du 28 janvier 2010 - Texte portant modification de la loi n°6-65/AN du 26 mai 1965 portant création du code des impôts directs et indirects et du monopole des tabacs, ensemble des modificatifs ;
- Loi n° 007/2010/AN du 29 janvier 2010 - Texte portant modification de la loi n°62-95/ADP du 4 décembre 1995 portant code des investissements, ensemble des modificatifs ;
- Loi n° 008/2010/AN du 29 janvier 2010 - Texte portant création d'un impôt sur les sociétés.

*En résumé :*

- *En 2011, le Burkina Faso se trouve à la 150ᵉ place sur les 183 pays de l'échantillon de référence de Doing Business.*
- *Pour rationaliser le dispositif fiscal et remonter le taux de pression fiscale à 17 % du PIB, le Gouvernement s'est engagé depuis 2008 dans une importante réforme qui a donné lieu en 2010 à la rédaction d'une série de lois.*
- *Le système fiscal est ressenti d'une façon négative par les professionnels (enquête EAPS 2010) en termes de nombre de taxes à acquitter et de méconnaissance du mode d'établissement des impôts.*

*Tendances évolutives du marché*

Le développement du marché privé de la santé est — et restera à court et à moyen termes — fortement limité par les facteurs suivants :

- Le revenu de la population est très faible : les dépenses monétaires annuelles de 80 % des individus sont inférieures à 160 000 FCFA (voir tableau 2.20), ce qui signifie que, dans la mesure où l'essentiel de ces dépenses monétaires est incompressible[172], la part pouvant être consacrée au financement d'un épisode de maladie inopinée (consultation et médicament) est extrêmement faible : elle est quasi nulle chez les individus du premier quintile de revenu et n'excède pas 15 % chez les autres (Guimier et al. 2009).

- Les tarifs des praticiens exerçant de façon libérale ou dans les ESPS de type hospitalier (CMA, cliniques et polycliniques) dans le secteur à but lucratif et, dans une moindre proportion, dans le secteur à but non lucratif (CMA associatifs et confessionnels), dépassent, pour une grande partie de la population, leur capacité à payer conférée par leur pouvoir d'achat.

- Le prix de vente des médicaments dans les pharmacies d'officine sont appliqués, compte tenu d'une part, de l'origine des produits[173] et d'autre part, des taux de marges (de gros et de détail) sur les PGHT France (marges *ad valorem* à taux fixes au Burkina Faso contre marges dégressives en France) et généralement plus élevés que les mêmes médicaments commercialisés en France.

- Le dernier facteur est l'absence de systèmes de tiers payant, obligatoire ou volontaire, couvrant le risque de maladie. À l'exception des individus bénéficiant, via leur employeur, d'une prise en charge partielle du risque maladie, et dans une certaine mesure de ceux cotisant à l'une des nombreuses petites mutuelles existantes couvrant certaines prestations de soins, pour la quasi-totalité de la population, c'est le malade (ou le ménage auquel il appartient) qui supporte la totalité de la dépense. Chaque épisode de maladie constitue alors un risque de chute dans la précarité économique[174], devant laquelle il n'a souvent d'autre alternative que de renoncer aux soins ou, dans de nombreux cas, de se soigner trop tard, ce qui alors augmente les coûts ou est inutile. La mise en œuvre du système d'AMU actuellement en chantier, dont les deux volets (AMO et AMV) devraient permettre de couvrir une part importante de la population, est donc la solution *sine qua non* au développement de l'offre de soins privée.

*En résumé :*

- *L'étroitesse actuelle du marché représente une contrainte forte au développement du secteur privé dans le secteur de la santé.*
- *La solvabilité de la demande est l'une des conditions clefs du développement de ce secteur.*
- *Celle-ci pourra notamment se faire à travers l'extension de la couverture par l'assurance maladie et la mise en place de PPP financés par l'État ou ses partenaires.*

## Notes

1. Loi n° 35/94/ADP du 01/07/94.
2. Seglaro (2003).
3. La SONAPHARM, (Société nationale d'approvisionnement pharmaceutique), créée en 1985, a été privatisée en 1994.
4. Premier Ministère (2008).
5. *Doing Business* suit un panel de 183 pays, sur la base de 11 critères relatifs au développement du secteur privé. Ces critères concernent davantage les petites et moyennes entreprises industrielles et commerciales que les professions libérales de la santé, mais constituent néanmoins un indicateur global utile.
6. Création d'entreprise, obtention des permis de construire, droits de la propriété, commerce régional et droit des affaires.
7. http://www.doingbusiness.org/rankings.
8. Le Département des affaires économiques et sociales de l'Organisation des Nations Unies estime, en hypothèse moyenne, cette population à 2 milliards d'individus en 2050 (dont 28 % de moins de 15 ans), soit 22 % de la population mondiale (Nations Unies 2007).
9. « *Spending on health : a global overview* » Fact sheet de OMS (2007), cité dans « Investir dans la santé en Afrique », SFI (2008, voir Bibliographie).
10. L'étude « Investir dans la santé en Afrique », commissionnée par l'IFC et réalisée par le cabinet McKinsey & Company, évalue ces besoins en financement entre 25 et 30 milliards de dollars pour l'Afrique subsaharienne.
11. Au Burkina Faso, en dépit de la pauvreté, 38 % des dépenses de santé sont financés par les ménages en 2008 (CNS 2005).
12. Des établissements confessionnels chrétiens y existaient déjà à l'époque coloniale et les promoteurs privés lucratifs sont apparus dans les années 1980.
13. Loi n° 10-98/AN du 21 avril 1998 portant modalités d'intervention de l'État et la répartition des compétences entre l'État et les autres acteurs du développement.
14. Loi n° 015-2001/AN portant création des conditions favorables au développement du secteur privé à travers la suppression des monopoles, des duopoles et des privatisations des entreprises publiques.
15. Loi n° 15/94/ADP du 5 mai 1994 portant organisation de la concurrence, modifiée par la loi n° 033-2001/AN du 4 décembre 2001.
16. Constituant ainsi un des premiers partenariats public-privé dans le secteur de la santé.
17. Loi n° 034-1998.
18. Décret n° 398-2005/PRES/PM/Ministère de la santé portant sur les conditions d'exercice privé des professions de santé.
19. En 2008, le secteur primaire représentait environ 30 % du PIB et assurait un emploi et un revenu à 80 % de la population (Premier Ministère 2008).
20. Pendant la période 2000-2009, 8,3 % en moyenne annuelle (IMF 2009).
21. L'APD totale reçue par le Burkina Faso s'est élevée en 2007 à environ 860 millions de dollars (soit 15 % du PIB) et est essentiellement destinée à l'appui budgétaire (http://www.diplomatie.gouv.fr/fr/pays-zones-geo_833/burkina-faso_338/).
22. EDS 2003 (Institut National de la Statistique et de la Démographie (INSD) et ORC Macro (2004)).
23. Accroissement démographique : +2,7 % et l'inflation : +4,8 %, moyennes annuelles entre 2000 et 2009 (IMF 2009).
24. EDS 2003 (Institut National de la Statistique et de la Démographie (INSD) et ORC Macro (2004)).
25. Avec un indice IDH de 0,389, le Burkina Faso occupe la 177e place (sur 182) dans le classement et le 164e rang de PIB (UNDP 2007).
26. En réalité cette proportion est beaucoup plus importante : les dépenses annuelles en soins de santé des quatre premiers quintiles de population sont comprises entre 430 et 3 700 FCFA contre plus de 18 000 FCFA pour le dernier quintile (le plus aisé).
27. Au sens des CNS, les dépenses en soins de santé correspondent au cumul des dépenses des fonctions suivantes : services de soins curatifs, services de réadaptation, services de soins de longue durée, services auxiliaires, biens médicaux dispensés aux patients ambulatoires, service de prévention et de santé publique, dépenses de formation et apport de capital des établissements fournissant des soins de santé.
28. Les informations sur les dépenses des ménages sont relativement anciennes : les données de

la dernière enquête sur les conditions de vie des ménages, publiée en 2007, datent de 2005 ; les résultats de la prochaine enquête, qui a été lancée en février 2010, ne seront pas publiés avant le deuxième semestre de 2011. Les résultats de l'enquête 2007-2008 des CNS, publiés en 2010, sont partiels et ne concernent que la tuberculose et le paludisme.

29. C'est-à-dire toutes dépenses confondues : fonctionnement de l'administration, prévention, soins curatifs, formation, recherche et formation du capital.

30. Hors médicament (28 milliards FCFA, soit environ 2 000 FCFA per capita).

31. HTA, maladies cardio-vasculaires, diabètes, cancers, accidents de la circulation notamment.

32. EDS 2003 (Institut National de la Statistique et de la Démographie (INSD) et ORC Macro (2004)).

33. Après le Niger, l'Ouganda, le Mali et la Somalie – Rapport *World Population Prospects* 2010 de l'ONU.

34. Institut national de la statistique et de la démographie, INSD (2000).

35. Témoignages de volontaires d'ONG œuvrant dans le domaine de la santé reproductive (ABBEF et Marie Stopes notamment).

36. En particulier les jeunes filles.

37. Phénomènes exacerbés par la pauvreté.

38. Arrêté n° 2006/111/MS/MCPEA/MFB portant définition, classification et nomenclature des établissements sanitaires privés.

39. Infrastructures, équipements, services, nombre de lits, ressources humaines, etc.

40. Établissement de 100 lits au moins, disposant d'un service de réanimation de quatre lits au moins, d'un service d'urgences de dix lits au moins, d'un cabinet d'imagerie médicale, d'un laboratoire d'analyses de biologie médicale et d'une pharmacie hospitalière.

41. Cet effectif est basé sur le recensement des ESPS réalisé en 2007 et actualisé en 2008 par le Ministère de la santé. Le poids relatif des différentes catégories d'établissement est inchangé. Il convient toutefois de noter que les documents officiels du Ministère de la santé ne s'appuient pas tous sur les mêmes données et que les effectifs d'ESPS qu'ils indiquent ne sont pas identiques..

42. En raison d'un nombre d'ouvertures d'établissements probablement supérieur à celui des fermetures au cours des années 2009 et 2010.

43. Les établissements catholiques sont les plus nombreux et les plus anciennement implantés. Depuis une quinzaine d'années, l'église protestante développe son action dans le secteur de la santé mais les établissements de soins bénéficiant d'une autorisation d'exploitation sont encore relativement peu nombreux. Plus récemment se sont ouverts des établissements de soins d'obédience musulmane mais ils sont très peu nombreux et n'existent, pour l'instant, qu'à Ouagadougou et à Bobo Dioulasso.

44. Cette répartition inégale s'observe pour toutes les catégories d'ESPS. Toutefois, certains établissements (polycliniques, cliniques, cabinets médicaux, cabinets dentaires, cliniques d'accouchement et centres d'aide au diagnostic), ne se rencontrent quasi exclusivement que dans les deux principales villes du pays.

45. Condition de distribution des médicaments, infrastructures, équipements, personnels, etc.

46. Bâtiments, accès aux réseaux d'eau et d'électricité.

47. Une polyclinique (sur huit) et deux CM (sur 26).

48. C'est-à-dire 78 % des CM, 86 % des cliniques et 25 % des polycliniques.

49. Vingt-six ESPS disposent d'un échographe (pour 84 ESPS de deuxième niveau de soins, c'est à dire polycliniques, CMA et CM).

50. Annuaire statistique (Ministère de la santé 2009). .

51. Arrêté n° 2008 MS/CASB portant normes en personnel des établissements sanitaires privés.

52. Médecins généralistes et spécialistes.

53. Cent vingt et un contre 964 (soit 13 %) pour les médecins, 524 contre 6 680 pour les infirmiers diplômés d'Etat et les infirmiers brevetés, 104 contre 1 067 pour les sages-femmes.

54. Médecins et paramédicaux.

55. Un taux de 54 % des ESPS non hospitaliers et 70 % des ESPS hospitaliers.

56. Un taux de 47 % des ESPS non hospitaliers et 53 % des ESPS hospitaliers.

57. DRS et Districts de santé.

58. Arrêté n° 2006/111/MS/MCPEA/MFB portant définition, classification et nomenclature des établissements sanitaires privés.

59. Urgences, pédiatrie, maternité, radiologie, etc.

60. Chirurgie réglée et ne nécessitant pas ou peu de soins postopératoires, actes techniques pouvant être réalisés au moment où les spécialistes vacataires sont présents dans l'établissement.

61. Pas d'équipements lourds et plateaux techniques d'imagerie réduits dans la plupart des établissements soumis à enquête, importance des personnels vacataires.

62. Avec des moyens très limités et clairement insuffisants.

63. Lucratif et conventionné.

64. Décret n° 2006/655/PRES/PM/MTSS/MFB du 29 décembre 2006 fixant les salaires minima interprofessionnels garantis. Compte tenu de la structure des ménages, ce salaire fait vivre un ménage de 5 à 7 personnes.

65. Ministère de la santé (2005).

66. Achat direct de médicaments en officine ou sur le marché.

67. Abstention, automédication ou médecine traditionnelle.

68. CSI ou CSPS habituellement.

69. Dans 50 % des cas, les patients sont référés par une structure du secteur public.

70. Décret n° 2009/104/PRES/PM/MS.

71. Outre le Directeur (qui est médecin), un administrateur des hôpitaux, deux attachés de santé, une sage-femme et une secrétaire. Le Directeur demande depuis des années, sans parvenir à les obtenir, trois agents supplémentaires : un second médecin, un juriste, et un statisticien/épidémiologiste.

72. Ainsi, le téléphone et l'accès au réseau Internet ne fonctionnent qu'irrégulièrement et la Direction ne dispose pas de moyens de locomotion propres qui lui permettraient de rencontrer les promoteurs et visiter leurs établissements.

73. Alors que les autorisations d'ouverture et d'exploitation sont accordées par la DSP.

74. La santé est actuellement le chef de file des secteurs sociaux au cours de ces rencontres.

75. Notamment l'association des promoteurs de cliniques privées, l'association des établissements confessionnels, les syndicats professionnels ou les différentes instances ordinales (médecins, pharmaciens, sages-femmes, infirmiers, etc.).

76. Ordre des médecins, Ordre des pharmaciens, Ordre des Infirmiers, Ordre des sages-femmes en particulier.

77. Notamment par manque de ressources des districts et des régions sanitaires, du fait des difficultés à obtenir des informations sur l'activité des ESPS et du fait de l'absence d'autorité et de capacité de contrôle. Toutefois, comme le montre le tableau 9, les prestataires de soins privés entretiennent, pour une majeure partie d'entre eux, des relations suivies avec les équipes cadres de district ou de région.

78. Loi n° 034/98/AN portant Loi hospitalière.

79. Public/privé notamment.

80. L'ENSP a été créée en 1977. Il s'agit d'un établissement public administratif (EPA) placé sous la double tutelle du Ministère de la santé et du Ministère des finances. L'ENSP comprend : *a*) un Conseil d'administration (organe suprême chargé de la gestion de l'institution) ; *b*) une Direction générale (chargée de la direction et de la coordination de toutes les activités de l'établissement) ; *c*) trois Directions centrales (Direction des études et des stages, Direction de l'administration et des finances, Agence comptable) ; *d*) six Directions régionales (Ouagadougou, Bobo-Dioulasso, Koudougou, Ouahigouya, Fada N'gourma et Tenkodogo) ; et *e*) le Centre de formation en développement socio-sanitaire (CFDS). L'ENSP dispose :*a*) d'un personnel enseignant permanent ; *b*) d'un personnel enseignant vacataire (provenant de l'université, du Ministère de la santé et d'autres ministères) ; *c*) de personnel administratif et financier ; et *d*) de personnel de soutien. L'ENSP gère à l'heure actuelle 24 programmes de formation (de base et de post-base) qui s aboutissent à un diplôme (Diplômes d'État) ou à une capacité.

81. Elle a débuté il y a moins de cinq ans.

82. C'est notamment le cas des formations de sages-femmes et d'IDE à l'école Sainte Edwige ou de la formation des ingénieurs biomédicaux à l'IST.

83. Les dossiers de demande d'ouverture sont en cours d'examen par les autorités compétentes.

84. Agents chargés du gardiennage et de l'entretien.

85. Une proportion de 75 % en moyenne mais jusqu'à 87 % dans le Centre Ozona de formation et 86 % dans l'École de santé Sainte Edwige.

86. La formation des visiteurs médicaux, des vendeurs en pharmacie et des techniciens/ingénieurs biomédicaux repose également sur la contribution d'enseignants provenant du secteur pharmaceutique privé et de l'industrie.

87. En 2010, ces subventions ont représenté 250 millions FCFA pour les établissements privés délivrant des formations aboutissant à des diplômes (ce qui, divisé par le nombre d'établissements,

est « symbolique » - environ 500 000 FCFA) et 750 millions de FCFA pour les établissements d'enseignement catholique. Soit au total de l 'ordre de un milliard de FCFA. Par ailleurs, l'État envoie à présent certains de ses boursiers dans des établissements privés. Cette tendance est encore marginale (seulement cinq écoles privées et aucune dans le domaine de la santé) mais témoigne d'une volonté de « rapprochement » des secteurs public et privé.

88. À condition de remplir les classes et de maintenir des frais de scolarité relativement élevés.

89. La première promotion a débuté sa 5ᵉ année à la rentrée 2010.

90. Ce chiffre devrait être porté à plus de 200 par an à partir de 2013 compte tenu des effectifs des promotions actuellement en formation dans les trois facultés.

91. Pour les formations qui existent également dans le public.

92. Ils représentent, en effet, de 10 à 16 mois du salaire le plus bas de la fonction publique.

93. Par exemple ceux qui ont de la famille à Ouagadougou, capable de les accueillir pendant la durée de leurs études.

94. Sauf filières maintenance biomédicale où les opportunités d'emploi dans le secteur privé existent et sont plus attractives que dans le secteur public.

95. Exemple: convention entre l'École privée Sainte-Edwige et l'ENSP.

96. Climat dont nous ont fait part plusieurs de nos interlocuteurs issus tant du secteur public que du secteur privé.

97. Depuis la cessation d'activité des deux unités de production MEDIFA et U-PHARMA en 1996, il n'existe plus qu'une petite unité de production expérimentale de médicaments traditionnels et quatre établissements de recherche/production de médicaments à base de plantes.

98. Selon ce statut, la CAMEG ne distribue pas de bénéfices : son résultat net annuel est porté aux fonds propres de son bilan.

99. Décret n° 092/127/SAN/ASF.

100. La CAMEG distribue également des contraceptifs, des produits dentaires et du consommable médical. Elle est également chargée d'approvisionner les programmes nationaux de lutte contre la maladie (VIH/sida, TB et paludisme) qui représentent 7 milliards de FCFA, soit 30 % de son chiffre d'affaires.

101. EURAPHARMA, Ubipharm, CERP Bretagne, etc,

102. Soins, objets de pansement, produits d'hygiène, compléments alimentaires, petit matériel médical, etc.

103. Une enquête qui portait sur trois zones (Ouagadougou, Pouytenga et Tenkodogo), indique que sur 125 produits étiquetés vendus par les 56 vendeurs interrogés, 37 % provenaient d'Inde, 22 % du Nigéria, 10 % du Ghana, et le reste de pays européens (Loukova-Chorliet et al. (1999).

104. « Autant les médicaments du marché officiel se retrouvent sur le marché parallèle, autant les circuits illicites sont utilisés pour approvisionner certaines structures officielles » (Gnoula 2002).

105. La possibilité laissée aux patients de n'acquérir qu'une partie de leur traitement diminue leur dépense et leur donne l'impression que le marché illicite est moins cher.

106. L'analyse a porté sur huit principes actifs (ampicilline, tétracycline, métronidazole, chloroquine, ASS, paracétamol, indométacine et diazépam), prélevés sur 10 points de vente.

107. Identité, dosage, péremption, caractéristiques pharmaco-techniques, etc.

108. Il n'a jamais été présenté au Conseil des ministres pour approbation.

109. « Plan stratégique national de lutte contre la drogue à travers le commerce illicite des médicaments. »

110. Importations hors certains produits des programmes nationaux directement importés par les donateurs (HAI, PEPFAR par exemple).

111. Ouagadougou, Bobo Dioulasso, Fada Ngourma, Ouahigouya et Gaoua.

112. COPHADIS, COPHARMED, DPBF, Faso Galien, ISDA, Laborex, Multi-M, Pharma Plus.

113. Les grossistes importateurs n'ont pas l'exclusivité de l'importation des médicaments. Les dispositions réglementaires autorisent les pharmacies d'officine à importer des médicaments.

114. Selon les sources consultées, on dénombre entre 153 et 167 pharmacies d'officine.

115. L'installation des pharmacies d'officine dans les villes moyennes pose le problème de cohabitation avec les dépôts pharmaceutiques déjà existants: la réglementation demandant, en effet, que, lors de l'installation d'une pharmacie d'officine, le dépôt pré existant soit fermé ou transféré à 10 Km.

116. Arrêté n° 2006/42/MS/CAB.

117. Y. Ouedraogo, S. Sanou et Charles. de Gaulle.

118. Protocole d'accord signé entre la CAMEG et le Syndicat des pharmaciens d'officine.

119. Cet approvisionnement donne aux pharmacies d'officine un accès à toute la gamme des MEG de la CAMEG.

120. Cette initiative résulte de l'incapacité de la filière privée à but lucratif de s'approvisionner sur le marché international en MEG de qualité et à bas prix.

121. Après intégration des marges de distribution.

122. De 18 % pour la CAMEG et de 10 % pour les DRD. ;

123. Dans la mesure où les prix des médicaments dans le secteur privé lucratif sont libres depuis 1994, ces taux de marge sont indicatifs ; ils correspondent à ceux figurant sur les listings de ventes établis par les grossistes à l'usage des pharmacies d'officine : 23 % pour les grossistes et 32 % pour les pharmacies d'officine. Concernant les MEG de la CAMEG, les pharmacies d'officine bénéficient d'une marge en valeur absolue qui correspond à environ 80 %.

124. À la fin 2008, le bas de bilan de la CAMEG était de 25,1 milliards de FCFA, dont 12,6 milliards de FCFA de fonds propres avec un endettement à long terme très faible et une trésorerie largement positive.

125. On comptait en 2008 11 pharmacies d'officine en difficulté financière (6,5 % de leur nombre total) et mises sous gérance par des institutions financières, et un grossiste importateur en faillite.

126. Décret n° 2003/147/MS/CAB.

127. Viens et al. (2010).

128. Faso Galien, Multi-M, Pharma Plus, ISDA, etc.

129. Amoxicilline BMS 500 Gelu BL50X10, Amoxicilline RIK 500MG 100BL10, Ampicilline RIK 500MG 100BL10, Aampicilline CRE 500 Gel/100X10, etc.

130. Cependant, et de plus en plus, certains médicaments génériques de marque ou sous DCI proviennent de pays africains (Maghreb et, plus rarement, pays subsahariens) et asiatiques.

131. Les écarts relevés sont de l'ordre de ± 5 %.

132. Ce taux varie d'un grossiste à l'autre dans une proportion de ± 3 %.

133. Fret, assurances, transit local et droits et taxes.

134. En fait, le pharmacien d'officine n'a rien à calculer, son prix de vente est calculé par le grossiste et est indiqué sur son bordereau de livraison.

135. Loi n° 015/94/ADP et arrêté n° 94/132/MICM/MS.

136. Acquisition en majorité de spécialités à prix élevés contre des MEG dans le segment non lucratif.

137. L'échantillon est constitué de 60 médicaments sous DCI commercialisés dans le segment à but non lucratif et de leur équivalent en spécialité, génériques de marque et génériques sous DCI commercialisés dans le segment à but lucratif.

138. Antipaludiques notamment.

139. Décret n° 97-049/PRES/PM/MS.

140. Loukova-Chorliet et al. (1999).

141. Points de vente des formations sanitaires publiques.

142. Marché illicite.

143. Un des objectifs de la politique nationale de santé est de permettre à la population de disposer d'une formation sanitaire à moins d'une heure de marche de son domicile.

144. Les formations sanitaires de premier recours, quant à elles, ne disposent que d'une liste de médicaments beaucoup plus restreinte.

145. Il s'agit de spécialités non inscrites sur la LNME, mais aussi, et souvent, de médicaments prescrits sous nom de spécialité alors qu'ils sont disponibles sous DCI dans les points de vente des formations sanitaires.

146. Voir: Guimier et al. (2009).

147. Maladies cardiovasculaires, diabète, asthme, cancer etc.

148. Coopération bilatérale et multilatérale, ONG, fondations et firmes internationales.

149. C'est-à-dire indirectement les ménages, à travers les systèmes contributifs volontaires ou non.

150. Selon la nomenclature des CNS : médicaments, consommables et dispositifs médicaux, lunetterie, prothèses pour l'orthopédie et appareils pour handicapés et autres petits matériels consommés en dehors de l'hospitalisation.

151. Activité hospitalière stricte (malades hospitalisés). Les soins liés à l'hospitalisation partielle et aux consultations externes (soins ambulatoires à l'hôpital) sont classés dans les soins ambulatoires.

152. CSPS, CSI, laboratoires d'analyses de biologie médicale, cabinets de radiologie, infirmeries et maternités isolées, cabinets médicaux, dispensaires, CMA, etc.

153. Dans la nomenclature des CNS la ligne « analyses médicales pour patients externes » exclut,

ici, toute dépense de type hospitalier.

154. Voir à ce sujet, la communication de Maître Salifou Dembélé (Aspects réglementaires et fiscaux de l`exercice de la médecine privée), faite lors du premier atelier de l`évaluation (Dembélé 2010).

155. Ainsi, à titre d'exemple, dans le secteur pharmaceutique, le cadre législatif et réglementaire concerne l'ensemble de la problématique : monopole pharmaceutique, prix, importation, détention et vente, tarifs douaniers.

156. Le rapport sur l'analyse des résultats du recensement des établissements privés de soins effectué en 2007 souligne que, sur 340 ESPS fonctionnels recensés, 68 (20 %) ne disposent pas d'une autorisation d'ouverture. Cette situation touche principalement les CSPS (63 %) les centres médicaux (30 %) et les cabinets dentaires (29 %). Cette situation concerne davantage les ESPS à but non lucratif (52 %) que les ESPS à but lucratif (8 %).

157. Abrogeant les dispositions de la loi n° 033/2004/AN du 14 septembre 2004 portant code du travail.

158. Les dispositions de cette loi ne s'appliquent pas aux agents de la fonction publique, aux magistrats, aux militaires, aux agents des collectivités territoriales ainsi qu'à tout travailleur régi par une loi spécifique.

159. Trente-quatre mille pensionnés touchent actuellement une pension versée par la CNSS qui représente dans le meilleur des cas 40 % du dernier salaire.

160. Quarante-six mille prestataires et 198 000 ayants droit.

161. Cette contrainte a été exprimée de façon récurrente dans les entretiens approfondis organisés avec les professionnels.

162. Selon les établissements bancaires (entretien approfondi avec les responsables de la Banque Internationale du Burkina, le taux de rentabilité d'une pharmacie d'officine est de l'ordre de 20 %, celui d'une clinique d'au moins 30 % (dès que l'investissement est remboursé il n'y a plus beaucoup de charge et cela devient hyper-rentable), les plus petites structures (cabinets médicaux ou infirmiers par exemple) sont nettement moins rentables car elles ne disposent pas des équipements nécessaires à des prestations à forte valeur ajoutée.

163. Cependant, le « marché de la santé » est jugé plutôt porteur.

164. Les IMF sont particulièrement nombreuses. En 2009, on en dénombrait 285 agréés par le Ministère de l'économie et des finances (http://www.apim-burkina.bf).

165. Balma (2010).

166. Informations recueillies lors de l'entretien approfondi réalisé avec la Direction générale des impôts.

167. CSI, cabinets médicaux, cabinets dentaires, etc.

168. Loi n° 007/2010/AN portant création de l'impôt sur les sociétés.

169. Les sommes non encore encaissées mais facturées sont prises en compte dans le calcul de l'imposition.

170. Contrairement aux Sarl et aux sociétés anonymes qui peuvent être créées par une seule personne.

171. Compte tenu de l'absence d'un registre des sociétés civiles et des métiers, les professionnels de la santé désirant exercer dans le privé sont obligés de s'inscrire au registre du commerce et du crédit mobilier. Or, cette inscription confère la qualité de commerçant au professionnel de la santé. Dans la pratique, le fisc considère qu'il s'agit d'une profession libérale soumise à l'impôt sur le bénéfice non commercial.

172. Alimentation, logement, eau, électricité, notamment.

173. Ils viennent, pour l'essentiel, de France.

174. L'indisponibilité immédiate de la liquidité nécessaire pour faire face à la dépense générée par un épisode de maladie contraint les ménages à s'endetter ou à vendre une partie de leur patrimoine.

# CHAPITRE 3

# Acquis, principaux défis et pistes de solution

L'analyse des différentes composantes du secteur privé, dont les principaux résultats sont présentés au chapitre 2, a été discutée avec l'ensemble des parties prenantes lors des ateliers 2 et 3. Ces discussions ont permis de faire ressortir, pour chaque thématique, des forces et des faiblesses. Le présent chapitre décrit les acquis et défis qui ont été discutés lors des ateliers ainsi que les grands axes stratégiques d'amélioration sur la base desquels le Plan d'action a été élaboré par les parties prenantes.

## Éléments spécifiques

### Offre de soins

- Les ESPS offrent des prestations correspondant aux premier et second niveaux de soins et pourraient être davantage intégrés au système national de santé, notamment dans la prise en charge des programmes de santé prioritaires (vaccinations, santé de la reproduction et planification familiale, programmes de lutte contre les maladies transmissibles, etc.). Ils offrent par ailleurs quelques services spécialisés qui pourraient utilement compléter une offre insuffisante au niveau du système public (CHU).
- Les ESPS sont fortement concentrés dans les deux grandes villes du pays où vit la population solvable. Il n'existe pas de dispositions fiscales adaptées (subventions, allégements fiscaux, mécanisme d'appui au financement) facilitant l'installation ou l'extension des ESPS et leur accès au crédit bancaire est limité.
- Près de 20 % des ESPS en activité ne disposent pas d'une autorisation d'ouverture ou d'exploitation, notamment les structures confessionnelles et celles appartenant à des associations et ONG. Les délais et coûts pour obtenir les licences sont par ailleurs jugés très lourds.
- Il n'existe ni nomenclature des actes et des services proposés par les ESPS ni base tarifaire claire. Bien qu'elle n'ait pu être évaluée, la qualité des soins fournis par les ESPS est vraisemblablement très inégale.
- Les ESPS ne disposent pas d'un cadre juridique approprié à leur spécificité d'activité libérale non commerciale. Même si leur régime fiscal a été récemment modifié, les ESPS jugent encore lourds les impôts et taxes qu'ils doivent acquitter.
- Le faible pouvoir d'achat de la majorité de la population burkinabé, ainsi que l'absence de couverture du risque maladie, rendent l'accessibilité au secteur privé de soins très difficile et limitent les possibilités d'expansion de ce secteur. La solvabilité de la demande par le biais du développement d'une couverture nationale d'assurance maladie (projet d'AMU du Gouvernement) est l'une des conditions clés au développement de ce secteur. Par ailleurs, les politiques de

gratuité ou de subventionnement de certains actes et traitements mis en place par le Gouvernement excluent la quasi-totalité des ESPS.

*Formation*

- Le domaine de la formation initiale a été récemment ouvert au secteur privé et le nombre d'établissements privés de formation est très limité, tout comme leur niveau de production (nombre annuel d'individus formés et diplômés).
- Il est important que le Ministère développe une vision claire du rôle qu'il entend faire jouer au secteur privé dans la formation initiale des personnels de santé.
- Les établissements privés de formation fonctionnent essentiellement avec des enseignants vacataires, le plus souvent issus du public, et les lieux de stages proposés aux élèves sont eux concentrés dans le secteur public. Des ESPS pourraient être homologués comme terrains de stage, pour les étudiants des écoles publiques comme privées, et dédommagés en conséquence.
- Les frais de scolarité dans les établissements privés de formation sont élevés par rapport à la capacité de payer de la majorité des postulants. Les écoles privées ne reçoivent aucune forme d'appui de la part des pouvoirs publics. Leur accès au crédit bancaire est par ailleurs très difficile.
- L'offre privée de formation n'est pas prise en compte par le Ministère de la santé dans sa planification des ressources humaines.

*Médicament*

- Le marché illicite du médicament a deux conséquences majeures : des conséquences économiques (il concurrence les pharmacies privées et les points de vente du secteur public) et des conséquences de santé publique (risque iatrogène et apparition de pharmaco-résistances).
- Le niveau élevé du prix des médicaments de spécialités associé au faible pouvoir d'achat de la population constitue un frein à l'expansion du marché privé.
- L'absence de protocoles thérapeutiques sous DCI à l'usage des prescripteurs du secteur privé et d'encadrement de la visite médicale (promotion des médicaments par les laboratoires fabricants) a une influence négative sur le bon usage du médicament.
- Les médicaments essentiels et génériques sont donc insuffisamment utilisés dans le secteur privé.
- La taille limitée du marché (14 millions d'individus au faible pouvoir d'achat), l'enclavement du pays (renchérissement du coût des exportations) et le coût élevé de l'énergie (électricité et eau), constituent des facteurs peu favorables au développement d'entreprises de production.
- Le médicament représente une part très importante des dépenses en soins de santé des ménages.

## Pistes ou chantiers prioritaires identifiés lors des ateliers

*Cadre de dialogue et échange d'informations*

Le cadre de dialogue public-privé mis en place par le MSP nécessite d'être redynamisé, et son mandat et sa composition amendés. Le dialogue stratégique pourrait être encore plus inclusif en garantissant la participation de toutes les composantes du secteur privé de la santé aux différentes instances de discussion des politiques et des résultats de santé (CASEM, États généraux, etc.). La redynamisation du cadre de dialogue implique également que le secteur privé de la santé puisse dépasser son état de fragmentation actuel et s'organiser afin de pouvoir parler d'une seule voix et être une force de propositions vis-à-vis du secteur public.

Le dialogue stratégique entre les secteurs public et privé doit également s'appuyer sur un système d'information fiable qui permette d'apprécier le rôle du secteur privé dans le système de santé et de mieux l'intégrer dans les programmes prioritaires de santé publique. Une connaissance au moins approximative des moyens et de l'activité des opérateurs privés est indispensable à la définition d'une vision stratégique sur ce que pourrait être le rôle de ces opérateurs privés dans le cadre du développement du secteur. Cela implique que les opérateurs privés soient dotés des capacités de recueillir cette information et que des mécanismes adaptés soient mis en place pour permettre la communication de cette information aux structures de l'État chargées de leur régulation et du pilotage du secteur.

Parallèlement, il est indispensable que les ESPS puissent avoir accès, au même titre que les formations sanitaires publiques, à l'information utile à la mise en œuvre des activités et programmes de santé publics promus et pilotés par les autorités sanitaires aux niveaux central et déconcentré.

### Environnement des affaires

Le dispositif législatif et réglementaire qui régit le secteur privé de la santé est assez complet mais nécessite d'être actualisé et harmonisé. Les textes réglementaires existant sont par ailleurs peu ou mal appliqués, notamment les normes qui régissent la catégorie d'établissements privés, leurs activités et leurs moyens, la nomenclature des actes et leur tarification, etc. Ceci s'explique en partie par le fait que les instances chargées de l'encadrement et du contrôle de l'activité des ESPS du secteur ne disposent pas de moyens suffisants pour assurer leur fonction, tant au niveau de l'administration que des instances professionnelles de régulation.

Concernant le secteur pharmaceutique, l'importance du marché illicite du médicament a été identifiée comme étant l'une des principales contraintes à l'expansion du secteur. Des mesures pour faciliter l'accès du secteur privé à des produits médicaux contrôlés, comme les anesthésiques et stupéfiants, ont été également jugées nécessaires.

S'agissant de l'accès au financement, les participants ont identifié un ensemble de mesures destinées à faciliter l'accès au crédit bancaire et au leasing, en améliorant notamment la capacité des promoteurs privés à développer des plans d'affaires de qualité, et à accompagner l'installation de nouveaux promoteurs privés, notamment en province. Des propositions ont été faites en ce sens pour faciliter l'ouverture de laboratoires d'analyse par les pharmacies installées en province.

Enfin, la participation de représentants du secteur privé de la santé au Comité national de pilotage de l'assurance maladie est apparue aux participants comme un élément critique pour assurer que cette importante réforme inclue les prestataires publics comme privés. L'aboutissement du projet d'AMU que porte actuellement le Gouvernement constitue le principal défi à surmonter pour assurer le développement d'un système de santé privé complémentaire, dont les résultats attendus sont l'équité face à la maladie et un meilleur accès pour tous à des soins de qualité, avec comme corollaire l'amélioration de l'état général de santé de la population et ses retombées économiques sous-jacentes.

*Partenariats public/privé*

Actuellement, on note une faible participation du secteur privé aux programmes prioritaires de santé publique et peu d'initiatives concrètes de Partenariats Public-Privé. Cette situation reflète une méfiance à l'égard du secteur privé encore largement répandue au sein des acteurs du secteur public de la santé et témoigne également d'objectifs et de motivations différentes chez un grand nombre d'opérateurs du secteur privé.

Ces divergences de positionnement et de point de vue n'ont rien de surprenant et ne sont pas incompatibles avec un meilleur alignement des pratiques des prestataires privés de soins de santé sur les orientations dictées par le Ministère de la santé. Pour y parvenir, il faudrait toutefois que les conditions, notamment financières, nécessaires à la participation effective des opérateurs privés au service public de la santé et à la réalisation des grands objectifs de santé publique soient ouvertement discutées entre les autorités sanitaires et les représentants des promoteurs privés et des organisations professionnelles.

Au cours des différents ateliers, ces derniers se sont montrés ouverts à un tel dialogue mais ont clairement indiqué la nature des obstacles qui s'opposent à leur participation et sur lesquels il convient de se pencher. Il a été jugé souhaitable et techniquement possible de développer de façon plus systématique les quelques expériences de PPP mises en place au niveau des programmes de santé publique, comme la vaccination, la planification familiale, ainsi que la prévention et le traitement du VIH, de la tuberculose et du paludisme. La réalisation de partenariats sur les soins obstétricaux d'urgence, actuellement fortement subventionnés dans le secteur public, exigera la réalisation d'une étude préalable sur les structures de coûts dans les établissements privés, qui est très différente de celles des établissements publics, afin de définir des niveaux de remboursement adéquats.

Enfin, les participants ont identifié toute une série de mesures destinées à permettre une implication plus grande du secteur privé de la santé dans la gestion et la formation des ressources humaines en santé, notamment en garantissant la participation de représentants du secteur privé à la définition et au suivi du Plan national de développement des ressources humaines (participation à la Commission et à l'Observatoire). Des partenariats concrets ont par ailleurs été identifiés dans le domaine de la formation initiale et continue des professionnels de soins de santé : homologation des ESPS comme terrains de stage, partenariats pour certaines filières de formation, harmonisation des diplômes délivrés dans le public et le privé, et participation systématique des professionnels privés aux formations continues organisées par le MSP à l'intention du secteur public.

# CHAPITRE 4

# Plan d'action adopté

L e plan d'action constitue l'objectif fondamental et la finalité de l'exercice d'évalua-tion. Son élaboration s'est faite selon un processus participatif qui s'est déroulé en deux étapes :

- La première étape s'est déroulée lors de l'atelier d'« élaboration de la stratégie » (29 et 30 novembre 2010) où, à l'issue de la présentation et de la discussion par le consultant des premiers constats de l'évaluation et des résultats analytiques de la première phase d'évaluation, des axes stratégiques et des actions prioritaires ont été identifiés (ébauche de plan d'action) et ont été ensuite validés par le Comité de pilotage en tenant compte de leur faisabilité politique et administrative ainsi que des capacités réformatrices du Ministère de la santé. Les axes stratégiques proposés concernent : *a)* le cadre stratégique et dialogue politique ; *b*) l'environ-nement des affaires ; et *c*) le développement d'initiatives de Partenariat Public-Privé.

- La seconde étape s'est déroulée lors de l'atelier « de finalisation de la stratégie » (22 et 23 février 2011) où, sur la base de la présentation du plan d'action précé-demment validé par le Comité de pilotage, les modalités et conditions pratiques d'exécution du plan ont été précisées et les besoins en assistance technique et appuis pour son exécution ont été identifiés ; le plan d'action ainsi finalisé a été présenté au Gouvernement.

Cependant, le plan d'action ainsi élaboré ne constitue pas une réponse à l'ensemble des défis identifiés au cours de l'évaluation. Il n'inclut en effet que des actions réalisables dans un délai raisonnable ne devant pas excéder trois années, à inscrire dans la tranche triennale du PNDS (2011–2015).

## Tableau 4.1. Plan d'action adopté

A. Cadre et dialogue stratégiques

| Objectifs | Actions | Activités | Responsable principal | Autres intervenants | Calendrier | Ressources à mobiliser |
|---|---|---|---|---|---|---|
| A1. Améliorer la communication entre les secteurs public et privé | Développement d'un système de recueil de données compatible avec les contraintes des acteurs du secteur privé. | A.1 Diffuser les outils de collecte de données révisés | DGISS | DSP, DRS, DS, Associations, Ordres | Juin 2011 | PM |
| | | A.2 Organiser une rencontre d'échanges entre le secteur privé et le MS sur les outils et le circuit de transmission des données | DGISS | DSP, DRS, DS, Associations, Ordres | Juin 2011 | USD 3 000 |
| A2. Renforcer la participation du secteur privé au dialogue stratégique | Révision du texte portant organisation et fonctionnement du cadre de concertation secteur privé — MS. | A.3 Relire l'arrêté portant création du cadre de concertation secteur privé — MS. | DGHSP | Associations du secteur privé | Juillet 2011 | Néant |
| | Intégration des associations du secteur privé aux différentes instances du MS (Casem, Revue sectorielle, EGS) | A.4 Relire les textes portant création des cadres | DGHSP | Associations du secteur privé | Février 2012 | Voir B.1.1.1 |
| | Création d'une structure faîtière des associations du secteur privé de santé. | A.5 Élaborer et adopter les statuts et le règlement intérieur | Comité ad hoc | MS | Juin 2011 | USD 3 000 |

## B. Environnement des affaires

B1. Régulation/réglementation

| Objectifs | Actions | Activités | Responsable principal | Autres intervenants | Calendrier | Ressources à mobiliser |
|---|---|---|---|---|---|---|
| **B1.1. Renforcer le cadre réglementaire et son application (1)** | **B1.1.1. Révision des textes législatifs et réglementaires** | | | | | |
| | **Révision de la loi portant code de santé publique et ses textes d'application** | B.1 Créer une commission de révision des textes législatifs et réglementaires | MS | Les ordres, syndicats santé, MJ, MICPIPA, MATD, MEF, MTSS, Ministère des enseignements, Association des privés | Juin 2011 | Néant |
| | | B.2 Organiser un voyage d'études de neuf personnes — ressources en Tunisie sur l'organisation du secteur privé | Président de la commission | Quatre membres de la commission, AN, ORDRES, COTEVAL, IFC, Association des privés | Juillet 2011 | USD 15 000 |
| | | B.3 Recruter un consultant (cabinet juridique local) | SG | Ordres, associations, IFC | Juin 2011 | USD 42 000 |
| | | B.4 Organiser six réunions de la commission (une fois par mois pendant 6 mois) | Président de la commission | Consultants, IFC | À partir de juillet 2011 | USD 3 000 |
| | | B.5 Organiser un atelier de validation des textes | Président de la commission | Membres commission + parlementaires et COTEVAL | Février 2012 | USD 5 000 |

B1. Régulation/réglementation

| Objectifs | Actions | Activités | Responsable principal | Autres intervenants | Calendrier | Ressources à mobiliser |
|---|---|---|---|---|---|---|
| **B1.1. Renforcer le cadre réglementaire et son application (2)** | **B1.1.2. Adoption des nouveaux textes** | | | | | |
| | Approbation par le COTEVAL | B.6 Soumettre les textes à la commission du COTEVAL | MS | SG du Gouvernement | Mars 2012 | |
| | Approbation par le Conseil des ministres | B.7 Soumettre les textes au Conseil des ministres | MS | Autres ministères concernés (finances, commerce) | Mars 2012 | Néant |
| | Approbation par l'Assemblée nationale | B.8 Soumettre les textes à l'AN | MS | — | Mars 2012 | Néant |
| | **B1.1.3. Renforcement de l'application de la réglementation** | | | | | |
| | Diffusion des textes | B.9 Organiser des rencontres de diffusion des textes dans les 13 régions | SG | ORDRES, Associations, syndicats | Mai-juin-juillet 2012 | USD 12 000 |
| | Mise en place d'un cadre permanent de concertations au niveau de chacune des 13 régions | B.10 Créer un cadre de concertation par région | MS | ORDRES, Associations, syndicats, MJ | Février 2012 | Intégrer à B1.1.1 |
| | Dynamisation de la concertation avec les structures chargées de la mise en œuvre de la réglementation (MS, Ordres, associations professionnelles, MATD, Ministère de la sécurité, collectivités territoriales) | B.11 Organiser des rencontres du cadre de concertation MS-SPS | SG | ORDRES, Associations, syndicats | Juillet 2011 | USD 2 000 |
| | | B.12 Organiser des rencontres des cadres de concertation au niveau régional | Gouverneur | DRS, ORDRES, Associations, | Mai-juin-juillet 2012 | USD 15 000 |

B1. Régulation/réglementation

| Objectifs | Actions | Activités | Responsable principal | Autres intervenants | Calendrier | Ressources à mobiliser |
|---|---|---|---|---|---|---|
| **B1.1. Renforcer le cadre réglementaire et son application** **(3)** | Renforcement de la DSP | B.13 Élaborer un plan de renforcement de la DSP | DSP | DEP, DGPML ITSS, ORDRES, ASSOCIATIONS | Novembre 2011 | USD 10 000 |
| | | B.14 Mettre en œuvre le plan de renforcement de la DSP | DSP | DEP, DGPLM, ORDRES, ASSOCIATIONS | 2012-2013 | USD 80 000 |
| | Renforcement de l'ITSS | B.15 Élaborer un plan de renforcement de l'ITSS | ITSS | DEP, DGPLM, ORDRES, ASSOCIATIONS | Novembre 2011 | USD 10 000 |
| | | B.16 Mettre en œuvre le plan de renforcement de l'ITSS | ITSS | DEP, DGPLM, ORDRES, ASSOCIATIONS | 2012-2013 | USD 80 000 |
| | Renforcement des capacités d'auto régulation des ordres professionnels | B.17 Inscrire une dotation budgétaire annuelle au profit des ordres | MS | MEF | 2012-2013 | USD 40 000 |
| | | B.18 Réviser/ élaborer les textes régissant les ordres (loi, code de déontologie et règlement intérieur) | Présidents des ordres | MS, MJ, | Mars-octobre 2011 | Voir révision des textes |
| | | B.19 Acquérir du matériel informatique, des consommables et du matériel roulant | MS | MEF | 2011-2012 | USD 110 000 |

B1. Régulation/réglementation

| Objectifs | Actions | Activités | Responsable principal | Autres intervenants | Calendrier | Ressources à mobiliser |
|---|---|---|---|---|---|---|
| **B1.2. Réduire le marché illicite du médicament et des autres produits de santé** | Implication des organes de régulation et de contrôle dans la lutte contre les médicaments illicites | B.20 Relire (mise à jour) la stratégie nationale de lutte contre la drogue à travers le médicament illicite | Secrétaire permanent du Comité national de lutte contre la drogue | Ministères : santé, justice, action sociale, défense, commerce, sécurité, finances, transport, MATD, Associations et Ordres professionnels de santé, ligue des consommateurs | Février 2012 | Voir révision des textes |
| | | B.21 Soumettre le document à l'approbation du Conseil des ministres | M Sécurité | | Mars 2012 | |
| | | B.22 Adopter les arrêtés d'application du décret | MATD | M.S | Mars 2012 | |
| | Renforcement de la sensibilisation et de l'éducation | B.23 Élaborer un plan de lutte contre les médicaments illicites. | Secrétariat permanent | Ministères : santé, justice, action sociale, défense, commerce, sécurité, finances, transport, MATD, communication Associations et Ordres professionnels de santé, ligue des consommateurs Relais communautaires | Mai 2012 | USD 3 000 |

B1. Régulation/réglementation

| Objectifs | Actions | Activités | Responsable principal | Autres intervenants | Calendrier | Ressources à mobiliser |
|---|---|---|---|---|---|---|
| **B1.2. Réduire le marché illicite du médicament et des autres produits de santé** **(2)** | Renforcement de la sensibilisation et de l'éducation | B.24 mettre en œuvre le plan de lutte contre les médicaments illicites | Secrétariat permanent | Ministères : santé, justice, action sociale, défense, commerce, sécurité, finances, transport, MATD, communication<br><br>Associations et Ordres professionnels de santé, ligue des consommateurs<br><br>Relais communautaires | À partir de juillet 2012 | USD 15 000 |
| | | B.25 Sensibiliser les professionnels de soins de santé au bon usage des médicaments et autres produits de santé | DGPML | Ordres, syndicats, associations, DRS, DS | À partir de juin 2012 | USD 15 000 |
| | Prise en compte des besoins du secteur privé dans l'expression des besoins en anesthésiques et stupéfiants | B.26 Organiser un atelier de validation des besoins en anesthésiques | DGPML | Ordres, associations, DGHSP | Novembre 2011 | USD 3 000 |
| | | B.27 Déterminer les modalités d'approvisionnement du secteur privé | DGPML | | Novembre 2011 | |

B2. Accès au capital et mesures de facilitation

| Objectifs | Actions | Activités | Responsable principal | Autres intervenants | Calendrier | Ressources à mobiliser |
|---|---|---|---|---|---|---|
| **B2.1 Améliorer l'accès des promoteurs aux financements** | Renforcement des capacités du secteur privé à développer des plans d'affaire et des dossiers de qualité | B.28 Organiser des rencontres (trois) entre les promoteurs d'établissements de santé et la maison de l'entreprise | Secteur privé | Ministères chargés des finances et du commerce — IFC | Novembre 2011 | USD 5 000 |
| | | B.29 organiser des formations sur le montage des plans d'affaire. | Maison de l'entreprise | Ministère de la santé<br><br>Commerce | 2012–2013 | USD 15 000 |
| | Facilitation de l'accès aux crédits bancaires et au leasing | B.30 Réaliser une étude sur la création d'un fonds d'aide à l'installation pour le secteur privé de la santé | Premier Ministère | MEF, MS, professionnels du secteur privé de la santé | 2011 | |
| | | B.31 Mettre en œuvre les résultats de l'étude | Premier Ministère | MEF, MS, professionnels du secteur privé de la santé | 2012–2013 | |

B2. Accès au capital et mesures de facilitation

| Objectifs | Actions | Activités | Responsable principal | Autres intervenants | Calendrier | Ressources à mobiliser |
|---|---|---|---|---|---|---|
| **B2.2. Développer des mesures incitatives pour l'installation en province (1)** | Vulgarisation du Code des investissements | B.32 Organiser des concertations entre les ministères : finances, commerce, santé sur le code des investissements | Ministère du commerce | Ministère des finances<br><br>Ministère de la santé<br><br>Associations du secteur privé | Août 2011 | Intégrer à B 2. 1.1 |
| | | B.33 Éditer une brochure sur le Code des investissements à l'intention du secteur privé de la santé | Ministère du commerce | Ministère de la santé, associations du secteur privé de la santé, maison de l'entreprise | Septembre 2011 | USD 5 000 |
| | Révision à la baisse du seuil d'éligibilité dans le Code des investissements | B.34 Relire l'actuel code des investissements | Ministère commerce | Ministère des finances<br><br>Ministère de la santé | Janvier 2013 | USD 5 000 |
| | Autorisation d'ouverture de laboratoires d'analyse par les officines pharmaceutiques implantées dans les provinces | B.35 Renforcer les compétences des pharmaciens d'officines à réaliser des analyses de biologie médicale | DGPML | Ordre des pharmaciens, ordre des médecins, UFR/SDS | Janvier 2013 | |
| | | B.36 Établir une liste limitative des actes de biologie autorisés | DGPML | Ordre des pharmaciens, ordre des médecins, UFR/SDS | Septembre 2012 | |
| | | B.37 Définir des normes d'équipements et de protocoles | DGPML | Ordre des pharmaciens, ordre des médecins, UFR/SDS | Octobre 2012 | USD 5 000 |

B2. Accès au capital et mesures de facilitation

| Objectifs | Actions | Activités | Responsable principal | Autres intervenants | Calendrier | Ressources à mobiliser |
|---|---|---|---|---|---|---|
| **B2.2. Développer des mesures incitatives pour l'installation en province (2)** | Implication des ordres professionnels dans le plaidoyer pour l'implantation du secteur privé en zone rurale | B.38 Impliquer les ordres professionnels et les associations du secteur privé dans l'élaboration et la mise à jour de la carte sanitaire | MS | Ordres, associations | Juin 2012 | |
| | | B.39 Impliquer les ordres professionnels dans l'identification des zones propices à l'installation du secteur privé en zone rurale | MS | Les ordres professionnels | Juin 2012 | Néant |
| | | B.40 Appuyer les instances ordinales pour la diffusion des éléments d'informations auprès des professionnels | MS | Les cinq ordres professionnels | 2012–2013 | Néant |

B3. Solvabilité de la demande/assurances

| Objectifs | Actions | Activités | Responsable principal | Autres intervenants | Calendrier | Ressources à mobiliser |
|---|---|---|---|---|---|---|
| **B3.1. Développer la couverture du risque maladie** | Renforcement de la participation du secteur privé au Comité de pilotage sur le système national d'assurance maladie | B.41 Réviser le décret n°2008-736/ PRES/PM/MTSS portant création du Comité de pilotage du système national d'assurance maladie, pour élargir les dispositions de l'article 9 aux professionnels du secteur privé de la santé | MTSS | MS, Associations professionnelles du privé | Novembre 2011 | Intégrer à révision des textes |
| | | B.42 Modifier l'arrêté conjoint n° 2009 -002/MTSS/ SG/DGPS portant nomination des membres du Comité de pilotage pour inclure le secteur privé de soins. | MTSS | MS, Associations professionnelles du privé | Novembre 2011 | Intégrer à révision des textes |
| | Extension des prestations des organismes de prévoyance sociale (CNSS, CARFO) au risque maladie | B.43 Présenter un plaidoyer auprès de ces institutions pour l'inclusion du risque maladie dans leurs prestations | MS | Associations professionnelles du privé | À partir de juin 2011 | |

**C. Développement d'initiatives concrètes de PPP**

| Objectifs | Actions | Activités | Responsable principal | Autres intervenants | Calendrier | Ressources à mobilise |
|---|---|---|---|---|---|---|
| **Renforcer l'implication du secteur privé dans les interventions prioritaires de santé publique (1)** | 1. Intégration du secteur privé dans les stratégies de financement du secteur santé | C.1 Intégrer le secteur privé dans les comités de suivi des stratégies de financement de la santé (FBR, contractualisation, contrats d'objectifs) | SG | PADS Cellule FBR Banque mondiale/IFC | 2012 | - |
| | | C.2 Réviser les textes sur les évacuations et les examens spécialisés des malades | SG | MF, EPS Associations professionnelles Ordres professionnels | 2012 | USD 5 000 |
| | 2. Développement de PPP sur la prévention et le traitement du paludisme, de la tuberculose et du VIH | C.3 Intégrer le secteur privé dans la stratégie de décentralisation de la lutte antituberculeuse, paludisme, VIH (PTME, ARV, etc.) | SG | Associations professionnelles PTF | 2012 | |
| | | C.4 Assurer la dissémination de normes et protocoles réactualisés | SG | DSP, DRS | 2012-2013 | |

C. Développement d'initiatives concrètes de PPP

| Objectifs | Actions | Activités | Responsable principal | Autres intervenants | Calendrier | Ressources à mobiliser |
|---|---|---|---|---|---|---|
| Renforcer l'implication du secteur privé dans les interventions prioritaires de santé publique (2) | 3. Développement de PPP sur la prévention et le traitement du paludisme, la tuberculose et le VIH | C.5 Inclure le secteur privé dans la distribution des entrants gratuits/ subventionnés (ARV, ACT, SP, MILDA etc.) | MS | PTF, Associations du secteur privé | 2012 | |
| | 4. Développement de PPP sur la mise en œuvre des interventions en matière de SONU | C.6 Assurer la dissémination de normes réactualisées | SG | DSF, DSP, Ordres Associations du secteur privé | 2012-2013 | |
| | | C.7 Évaluer le coût des soins SONU dans le secteur privé | SG | DSF, DAF, DSP, Ordres Associations du secteur privé | À partir de juillet 2011 | USD 50 000 |
| | | C.8 Déterminer les modalités de paiement (Explorer des pistes de réduction des impôts en compensation des prestations des SONU | SG | DSF, DAF, DSP, Ordres Associations du secteur privé | À partir de juillet 2011 | |
| | 5. Développement de PPP dans le cadre de la gestion des déchets bio médicaux | C.9 Faciliter l'accès du secteur privé aux incinérateurs | SG | DAF, PTF, Associations du secteur privé, Banque mondiale / IFC | À partir de juillet 2011 | |
| | | C.10 Sensibiliser au tri de déchets dans le secteur privé | SG | DHPES, DSP, Ordres Associations du secteur privé | À partir de juillet 2011 | USD 5 000 |
| | | C.11 Superviser le personnel des ESPS dans la gestion de déchets | DHPES | Collectivités territoriales | 2012- 2013 | USD 5 000 |
| | 6. Développement de PPP dans la mise en œuvre du PEV | C.12 Évaluer les capacités des ESPS à assurer les vaccinations | DPV | DSP, DEP, Associations du privé | À partir de juillet 2011 | USD 50 000 |
| | | C.13 Contractualiser le PEV avec les ESPS | MS | DPV, DSP, DEP | À partir de juillet 2012 | |
| | | C.14 Suivre les activités de vaccination dans les ESPS | DPV | Associations du secteur privé DSP | À partir de juillet 2012 | USD 5 000 |

C. Développement d'initiatives concrètes de PPP

| Objectifs | Actions | Activités | Responsable principal | Autres intervenants | Calendrier | Ressources à mobiliser |
|---|---|---|---|---|---|---|
| **Renforcer l'implication du secteur privé dans les interventions prioritaires de santé publique (3)** | 7. Développement de PPP pour la promotion de la PF | C.15 Assurer la dissémination des protocoles et normes réactualisés | DSP | DSP, associations du secteur privé | À partir de juillet 2011 | USD 5 000 |
| | | C.16 Faciliter l'accès du secteur privé aux méthodes de PF subventionnées | MS | MEF | À partir de juillet 2011 | |
| | | C.17 Contractualiser les activités de PF avec les ESPS | MS | DSF, DSP, DEP, associations du secteur privé | À partir de juillet 2012 | |
| | | C.18 Développer des mesures incitatives pour la PF : formation (en PF, PI, gestion de stock), dotation de petits équipements, marketing | MS | PTF, associations du secteur privé | À partir de juillet 2012 | USD 50 000 |
| | | C.19 Développer un label reconnu de PF de qualité et abordable (ex Cercle d'Or) | DSF | PTF, associations du secteur privé | À partir de juillet 2012 | |
| | | C.20 Superviser les prestataires des activités PF dans les ESPS | DSF | DSP, PTF, associations du secteur privé | À partir de juillet 2012 | USD 5 000 |
| | 8. Accréditation des structures privées | Identifier des prestations à accréditer | DSF | DSP, Ordres professionnels, associations du secteur privé | 2012 | |
| | | C.21 Marquer certaines structures pour les services prioritaires de santé | DSF | DSP, Ordres professionnels, associations du secteur privé | 2012 | |

C. Développement d'initiatives concrètes de PPP

| Objectifs | Actions | Activités | Responsable principal | Autres intervenants | Calendrier | Ressources à mobiliser |
|---|---|---|---|---|---|---|
| **C2. Soutenir l'implication du secteur privé dans la formation des ressources humaines en santé (1)** | 1. Participation du secteur privé à l'élaboration du Plan de développement des RH en santé | C.22 Intégrer le secteur privé dans la Commission de renforcement institutionnel des RH | MS | Associations du secteur privé | Janvier 2012 | - |
| | | C.23 Intégrer le secteur privé dans l'Observatoire national des RH | MS | Associations du secteur privé | Janvier 2012 | - |
| | 2. Homologation des ESPS capables d'être des terrains de stage et développement de conventions avec eux | C.24 Identifier des ESPS capables de recevoir des stagiaires | SG | DRH,DSP, ENSP,UFR/ SDS INSSSA, écoles privées de formation, associations de promoteurs d'ESPS | À partir de la fin 2011 | USD 50 000 |
| | | C.25 Définir des critères d'homologation | SG | UFR- SDS, ENSP | À partir de la fin 2011 | |
| | | C.26 Élaborer des conventions standards en fonction des profils | DEP | Associations de promoteurs d'ESPS, écoles privées de formation (USTA, IST, Sainte Edwige) | 2012 | |
| | 3. Développement d'un partenariat pour la formation de base (certaines filières : maintenance biomédicale, secrétariat médical, agent de vente de produits pharmaceutiques, etc.) | C.27 - Accréditer les structures privées pour la formation dans les différents domaines | Ministère de l'enseignement secondaire et supérieur | DRH,DSP, ENSP,UFR/ SDS INSSSA, écoles privées de formation (USTA, IST, Sainte Edwige) Associations de promoteurs d'ESPS | 2012–2013 | |
| | | C.28 - Faciliter l'accès aux crédits pour la formation (maintenance biomédicale, secrétariat médical, agent de vente de produits pharmaceutiques) | Ministère du commerce | MEF, écoles privées de formation | 2012 | |

C. Développement d'initiatives concrètes de PPP

| Objectifs | Actions | Activités | Responsable principal | Autres intervenants | Calendrier | Ressources à mobiliser |
|---|---|---|---|---|---|---|
| **C2. Soutenir l'implication du secteur privé dans la formation des ressources humaines en santé** **(2)** | 4. Intégration systématique du secteur privé dans la formation continue des agents du secteur public dans une logique de partenariat | C.29 Assurer un quota minimum de participants du secteur privé dans les formations organisées par le MS et ses démembrements | SG/MS | DRH, DSP, ENSP, UFR/ SDS  INSSSA, écoles privées de formation Les ordres et associations professionnels  EPS | 2011-2012-2013 | |
| | | C.30 Octroyer les bourses aux établissements privés d'enseignement pour la formation continue des agents du secteur public | SG | EPS, écoles privées de formation | 2012 | |
| | 5. Harmonisation des diplômes délivrés dans les institutions d'enseignement publiques et privées | Élaborer des décrets ou arrêtés conjoints réglementant l'ouverture et l'exploitation des écoles privées de formation de professionnels de la santé | SG/MS | MESS, promoteurs d'écoles privées, ENSP, DRH, DSP | Octobre 2012 | USD 15 000 |
| | | C.31 Organiser un examen national de certification pour les paramédicaux | Ministère de l'enseignement secondaire et supérieur | Ministre de la santé  OOAS, UEMOA  Ordres et associations professionnels | À partir de 2012 | USD 15 000 |

# CHAPITRE 5

# Conclusion

Cet exercice d'évaluation a constitué une opportunité unique de dialogue et de concertation entre le Ministère de la santé et l'ensemble des acteurs des secteurs public et privé intervenant dans la problématique de la santé au Burkina Faso. Le niveau de participation à chacun des trois ateliers, la richesse des échanges qui y ont été menés, l'engagement du Comité de pilotage, et la nature tant des propos recueillis que des demandes exprimées aux différentes étapes de l'évaluation, démontrent, s'il en était besoin :

- L'acuité de problématique du rôle du secteur privé pour atteindre les objectifs prioritaires de santé nationaux et la pertinence d'aborder les questions liées à cette problématique dans un cadre de concertation réunissant l'ensemble des acteurs ;
- La forte mobilisation mais aussi le niveau élevé d'attente des opérateurs du secteur privé de la santé.

L'évaluation a par ailleurs abouti à :

- Une appréhension plus complète et plus précise des caractéristiques et du rôle du secteur privé dans le secteur de la santé ;
- La formulation de recommandations sur les orientations prioritaires d'une stratégie de renforcement de la contribution du secteur privé au développement du secteur ;
- L'élaboration et l'adoption d'un plan d'action sur trois ans.

Ce plan d'action constitue une plateforme de travail immédiatement opérationnelle pour la mise en œuvre, dans les trois prochaines années, d'activités qui contribueront certainement à :

- Améliorer la communication entre les acteurs des secteurs public et privé ;
- Aplanir certaines des difficultés et contraintes auxquelles sont soumis les opérateurs dans ce secteur ;
- Démontrer, par l'exemple, les bénéfices que l'on peut attendre d'actions de partenariat public-privé destinées à répondre à des besoins prioritaires de santé.

Le fait que ce plan d'action ait été élaboré en concertation avec l'ensemble des acteurs, qu'il ait été approuvé par les décideurs politiques, qu'il soit aligné sur les grandes orientations du PNDS en cours de finalisation, et que des ressources financières semblent pouvoir être mobilisées, notamment à travers le programme « *Doing Business* » de l'IFC pour ce qui concerne les activités les plus urgentes à mettre en œuvre et le futur projet santé de la Banque mondiale, actuellement en cours d'identification, constituent autant de conditions favorables à sa mise en œuvre effective.

La réalisation des activités contenues dans ce plan d'action devrait aboutir à des résultats significatifs et représenterait une étape importante pour l'amélioration de la prise en compte des opérateurs privés et le renforcement de leur rôle pour atteindre les grands objectifs de santé publique. Toutefois, ces activités ne constituent que des éléments de la stratégie, plus large et plus complète, de renforcement du rôle du secteur privé dont les grandes lignes ont été esquissées, et qui seule permettra de vaincre (voir chapitre 4) les obstacles qui entravent actuellement le développement optimal et harmonieux de ce secteur.

Compte tenu de la nature des domaines prioritaires ciblés et de l'importance des enjeux qui s'y rapportent comme, par exemple, la réforme des mécanismes de financement du système de santé ou l'amélioration de la gouvernance du secteur, il est clair que le développement — puis la mise en œuvre — de cette stratégie vont demander du temps, et la poursuite des efforts conjugués des opérateurs du secteur privé, du Gouvernement et de ses partenaires. Et ce, d'autant plus que devront être simultanément relevés les défis liés aux faiblesses structurelles du système de santé burkinabé et à la situation de pauvreté qui touche encore une part importante de la population. La conjoncture politique et économique semble actuellement favorable, mais de telles mutations ne peuvent se faire ni à court, ni à moyen terme.

# Chiffres clés

## Données générales et démographiques

Superficie : 274 200 km²
Principales villes : Ouagadougou (capitale), Bobo Dioulasso, Koudougou
Population : 16,3 millions (FNUAP 2010)
Population estimée (2050) : 40,8 millions (FNUAP 2010)
Population urbaine : 26 % (FNUAP 2010)
Population de moins de 5 ans : 19,1 % (INDS 2009)
Naissances parmi 1000 femmes âgées de 15 à 49 ans : 131
Prévalence contraceptive : 14 % (toutes méthodes) [EDS 2003]
Taux de fécondité : 5,77 (FNUAP 2010)
Accès à l'eau potable : 72 % (2010)

## Indicateurs économiques

Monnaie : FCFA
Taux de change utilisé : avant 1994 : 100 FCFA = 1 FF (soit l'équivalent de 0,152 €);
    depuis 1994 : 1 € = 656 FCFA et donc 100 FCFA = 0,152 € (0,213 USD)
Rang PIB : 128 sur 182 (FMI 2009) ; Rang IDH : 161 sur 169 (PNUD 2010)
Seuil de pauvreté : 82 672 FCFA (EBCVM 2003)
Principaux secteurs d'activités dans le PIB : agriculture 34 %, industrie 26 %, services
    39 % (Economist Intelligence Unit 2010)
PIB (prix courants) : 3 809 milliards FCFA (FMI 2009)
Taux de croissance annuel (2000-2009) du PIB (prix courants) : 8,3 % (FMI 2009)
PIB (prix constants) : 3 016 milliards FCFA (FMI 2009)
Taux de croissance annuel (2000-2009) du PIB (prix constants) : 5,3 % (FMI 2009)
PIB per capita (prix courants) : 265 187 FCFA (FMI 2009)
Taux de croissance annuel (2000-2009) du PIB per capita (prix courants) : 5,4 %
    (FMI 2009)
PIB per capita (prix constants) : 209 943 FCFA (FMI 2009)
Taux de croissance annuel (2000-2009) du PIB per capita (prix constants) : 2,5 %
    (FMI 2009)
Taux de croissance annuel (2000-2009) de l'inflation (prix à la consommation) : 3,4 %
    (FMI 2009)

## Éducation

Taux (brut) de scolarisation primaire M/F : 79/68 (2010)
Taux (brut) de scolarisation secondaire M/F : 21/16 (2010)
Taux de la population analphabète de plus de 15 ans M/F : 63,3/78,4
Dépenses par élèves du primaire (en pourcentage du PIB par habitant) : 29,1

**Indicateurs sanitaires**

Espérance de vie à la naissance M/F : 52,3/55,0 (FNUAP 2010)

Ratio de mortalité maternelle : 307 pour 100 000 naissances vivantes (annuaire statistique DGISS)

Naissances avec assistance qualifiée : 54 %

Taux de mortalité infantile : 78 pour mille (2010)

Taux de mortalité infanto-juvénile M/F : 160/154 pour mille (chiffres estimatifs 2005-2010)

Taux de fréquentation des formations sanitaires : 0,565 (Annuaire statistique 2009)

Prévalence du VIH/sida : 1,2 % [1,0-1,5] (ONUSIDA 2009) [9 200 décès liés au VIH/sida estimés en 2009]

Paludisme : 1ère cause de morbi-mortalité (25 625 décès estimés en 2009)

IRA : 3ecause de morbi-mortalité

Émergence de maladies chroniques : HTA, asthme, diabète, cancers

# Bibliographie

## Textes législatifs et réglementaires

Arrêté n° 94/110/MICM portant modification de l'arrêté n° 94-085bis/MICM portant libéralisation des prix et des marges des produits et marchandises soumis à contrôle (mai 1994)

Arrêté n° 94/132/MICM/Ministère de la santé portant abrogation du Raabo n° 198/CA-PRO/SAN portant réglementation des prix de vente des produits et spécialités pharmaceutiques au Burkina Faso (mai 1994)

Arrêté n° 2000/MS/SG/DGSP/DSPh portant attribution, organisation et fonctionnement de la Direction des services pharmaceutiques

Arrêté n° 2001/250/MS/CAB portant réglementation de la distribution des produits sous monopole pharmaceutique (novembre 2001)

Arrêté n° 2002/010/MCPEA/Ministère de la santé portant fixation des prix de vente au public des médicaments essentiels génériques au Burkina Faso (février 2002)

Arrêté n° 2003/008/MS/MFB/MCPEA fixant modalités de contrôle qualité des médicaments, produits et articles de santé

Arrêté n° 2003/147/MS/CAB portant critères d'implantation des officines pharmaceutiques

Arrêté n° 2003/148/MS/CAB portant conditions de création et d'ouverture d'une officine pharmaceutique

Arrêté n° 2005/117/MS/CAB portant création d'une commission technique permanente entre le Ministère de la santé et le secteur sanitaire privé

Arrêté n° 2005/404/MS/CAB portant création, attribution, composition et fonctionnement d'une Commission d'étude des demandes d'autorisation, d'ouverture, d'extension, de transformation et de transfert des établissements sanitaires privés

Arrêté n° 2006/39/MS/CAB portant condition d'exploitation d'un dépôt privé de médicaments

Arrêté n° 2006/40/MS/CAB portant réglementation du transfert d'une officine pharmaceutique privée.

Arrêté n° 2006/41/MS/CAB portant condition d'exploitation d'une officine pharmaceutique privée

Arrêté n° 2006/42/MS/CAB portant définition de la liste des médicaments pouvant être détenus et délivrés par les dépôts privés de médicaments

Arrêté n° 2006/ /MSPEA/Ministère de la santé portant fixation des prix de vente au public des prix de vente des produits consommables médicaux dans les formations sanitaires publiques et privées à but non lucratif, pratiquant le recouvrement des coûts au Burkina Faso

Arrêté n° 2006/ /MSPEA/Ministère de la santé portant fixation des prix de vente au public des prix de vente des médicaments essentiels génériques sous dénomination commune internationale au Burkina Faso

Arrêté n° 2006/060/MS/CAB portant condition d'exploitation des établissements sanitaires privés de soins

Arrêté n° 2006/061/MS/CAB portant condition de création et d'ouverture des établissements sanitaires privés de soins

Arrêté n° 2006/111/MS/MCPA/MFB portant définition, classification et nomenclature des établissements sanitaires privés de soins

Arrêté n° 2008/MS/CAB portant conditions normes en personnel des établissements sanitaires privés

Arrêté n° 2008/048/MS/CAB portant conditions d'exploitation d'une pharmacie hospitalière

Arrêté n° 2008/168/MS/CAB portant définition de la liste des médicaments hospitaliers

Arrêté n° 2008/169/MS/CAB portant Nomenclature nationale des spécialités pharmaceutiques et médicaments génériques au Burkina Faso

Arrêté n° 2009/097/MCPEA/Ministère de la santé portant fixation des prix de vente au public des produits médicaux essentiels consommables

Arrêté n° 2009/098/MCPEA/Ministère de la santé portant fixation des prix de vente au public des médicaments essentiels génériques sous dénomination commune internationale au Burkina Faso

Convention entre le Gouvernement du Burkina Faso et la Centrale d'approvisionnement en médicaments essentiels génériques (2000)

Décret n° 092/127/SAN/ASF portant création d'une Centrale d'approvisionnement en médicaments essentiels génériques. (mai 1992)

Décret n° 2003-147/MS/CAB portant critères d'implantation des officines pharmaceutiques

Décret n° 095/462/PRES/MS/MEFP/MAT portant statuts des Comités de gestion des formations sanitaires périphériques de l'État (octobre 1995)

Décret n° 97/049/PRES/PM/Ministère de la santé portant Code de déontologie des pharmaciens du Burkina Faso

Décret n° 98/259/PRES promulguant la loi n° 034/98/AN portant Loi hospitalière

Décret n° 2000/008/PRES/PM/Ministère de la santé portant organisation de la Pharmacie hospitalière

Décret n° 2000/011/PRES/PM/Ministère de la santé portant réglementation de l'importation de la détention et de la vente des produits médicaux consommables.

Décret n° 2001/381/PRES/PM/Ministère de la santé adoptant le Plan national de développement sanitaire 2001/2010

Décret n° 2003/382/PRES/PM/MFB/MCPEA portant Nomenclature nationale des spécialités pharmaceutiques et médicaments génériques autorisés au Burkina Faso

Décret n° 2004/191/PRES/PM/MFB portant statut général des Établissements publics de santé

Décret n° 2005/398/PRES/PM/Ministère de la santé portant conditions d'exercice privé des professions de santé

Décret n° 2005/332/PRES/PM/MCPEA/MFB/MJ/MTEJ du 21 juin 2005 portant création, attributions, organisation et fonctionnement des Centres de formalités des entreprises

Décret n° 2006/655/PRES/PM/MTSS/MFB du 29 décembre 2006 fixant les salaires minima interprofessionnels garantis

Décret n° 2008/034/PRES/PM/MHU/MATD/MEF/MCPEA du 6 février 2008 portant création, attributions, organisation et fonctionnement du Centre de facilitation des
actes de construire

Décret n° 2008/277/PRES/PM/MEF/MATD/MHU/SECU du 23 mai 2008 portant création,
attributions, organisation et fonctionnement des guichets uniques du foncier

Loi n° 006/94/ADP portant suppression du droit de douane sur les produits pharmaceutiques (mars 1994)

Loi n° 007/94/ADP portant suppression totale des droits et taxes de douane sur les médicaments essentiels génériques (mars 1994)

Loi n° 015/94/ADP portant organisation de la concurrence au Burkina Faso (mars 1994)

Loi n° 023/94/ADP portant Code de la santé publique

Loi n° 62/95/ADP portant Code des investissements modifiée par la loi n° 15/97 et la loi
n° 07/2010 du 29 janvier 2010

Loi n° 034/98/AN portant Loi hospitalière

Loi n° 035-2002/AN portant création de la catégorie des Établissements publics de santé

Loi n° 028/2008/AN portant Code du travail au Burkina Faso

Loi n° 006/2010/AN portant modification du Code des Impôts

Loi n° 008/2010/AN portant création de l'impôt sur les sociétés

## Études et documents

Abadie P. Yelkouni C., 2010. Code social du Burkina Faso mis à jour au 31 mars 2010.

Balma F., 2010. La stratégie globale de réforme de la politique fiscale: les lois adoptées.
Fisc Info, Bulletin d'Information de la Direction Générale des Impôts. Burkina-
Faso : Direction Générale des Impôts.

Bansse L., 2010. Expérience d'ouverture d'une structure publique au secteur privé -
exemple de la CAMEG du Burkina Faso. Communication préparée pour les «
Journées thématiques médicaments », organisées par l'AEDES, Bruxelles, 22 Septembre 2010.

Dembélé S., 2008. Études sur les rencontres sectorielles Gouvernement/secteur privé. Ministère du Commerce, de la Promotion de l'Entreprise et de l'Artisanat ; Chambre
de Commerce et d'Industrie, Ouagadougou, Burkina Faso.

Dembélé S., 2010. Aspects réglementaires et fiscal de l'exercice de la médecine privée.
Communication faite lors du 2e atelier de l'étude « Évaluation du secteur privé
de la santé au Burkina Faso », Ouagadougou, Burkina-Faso, 29 et 30 Novembre.

Economist Intelligence Unit, 2010. Burkina Faso Country report. London, United
Kingdom: The Economist Intelligence Unit. Gnoula C., 2002. Étude de la qualité
pharmaceutique des médicaments sur le marché parallèle de la ville de Ouagadougou. Thèse de doctorat en pharmacie. Ouagadougou, Burkina-Faso : Université de Ouagadougou, Burkina-Faso.

Guimier J.M., Koné Bamba D., Kaboré C., Bonkoungou J.M., 2009. Mise en place d'un
système de gestion des produits pharmaceutiques dans les CHU au Burkina Faso.
Ouagadougou, Burkina-Faso.

Hamel V., 2006. La vente illicite de médicaments dans les pays en développement : analyse de l'émergence d'un itinéraire thérapeutique à part entière, situé en parallèle
du recours classique aux structures officielles de santé. Thèse de pharmacie. Lyon
I, France.

Handicap International - CNAOB : Répertoire des structures de réadaptation fonction-
    nelle. Ouagadougou, Burkina-Faso.

Hien D.A., 2010. Atouts et faiblesses du secteur privé de soins. Communication présen-
    tée lors du 2ᵉ atelier de l'étude « Évaluation du secteur privé de la santé au Bur-
    kina Faso ». Ouagadougou, Burkina-Faso, 29 et 30 Novembre.

International Monetary Fund, 2009. *World Economic Outlook Database.* Washington DC:
    International Monetary Fund.

Loukova-Chorliet S., Martinez N., Pharmaciens sans Frontières, 1999. Étude sur la de-
    mande en médicaments au Burkina Faso. Ouagadougou, Burkina-Faso.

Ministère du commerce, de la promotion de l'entreprise et de l'artisanat - Chambre de
    commerce et de l'industrie du Burkina Faso, 2009. Étude sur l'élaboration d'un
    contrat d'objectifs gouvernement/secteur privé (rapport provisoire). Ouagadou-
    gou, Burkina-Faso.

Ministère du commerce, de la promotion de l'entreprise et de l'artisanat - Chambre
    de commerce et de l'industrie du Burkina Faso, 2008. Étude sur les rencontres
    sectorielles gouvernement/secteur privé (rapport provisoire). Ouagadougou,
    Burkina-Faso.

Institut National de la Statistique et de la Démographie (INSD) et ORC Macro. 2004.
    Enquête Démographique et de Santé du Burkina Faso 2003. Calverton, Maryland,
    USA : INSD et ORC Macro.

Institut National de la Statistique et de la Démographie (INSD), 2003. Analyse des résul-
    tats de l'enquête burkinabé sur les conditions de vie des ménages (rapport final).
    Ministère de l'Economie et du Développement. Ouagadougou, Burkina-Faso.

Institut National de la Statistique et de la Démographie (INSD), 2003. Cadre stratégique
    de lutte contre la pauvreté. Ministère de l'Economie et du Développement. Oua-
    gadougou, Burkina-Faso.

Institut National de la Statistique et de la Démographie, et Macro International Inc. 2000.
    Enquête Démographique et de Santé, Burkina Faso 1998-1999. Calverton, Ma-
    ryland (USA) : Macro International Inc.

Institut National de la Statistique et de la Démographie (INSD), 2000. Analyse des résul-
    tats de l'enquête prioritaire sur les conditions de vie des ménages en 1998. Minis-
    tère de l'Economie et du Développement. Ouagadougou, Burkina-Faso.

Institut National de la Statistique et de la Démographie (INSD), 2000. Profil et évolution
    de la pauvreté au Burkina Faso. Ministère de l'Economie et du Développement.
    Ouagadougou, Burkina-Faso.

Institut National de la Statistique et de la Démographie (INSD), 2000. Analyse des résul-
    tats du recensement de la population et de l'habitation. Ministère de l'Economie
    et du Développement. Ouagadougou, Burkina-Faso.

Ministère de l'Economie et des Finances, 2009. Document de cadrage portant sur l'éla-
    boration et l'adoption de la stratégie de croissance accélérée et de développe-
    ment durable du Burkina Faso pendant la période 2011-2015. Ouagadougou,
    Burkina-Faso.

Ministère de l'Economie et des Finances - Conseil national de population, 2000. Politique
    nationale de population (révision n°1). Ouagadougou, Burkina-Faso.

Ministère de l'économie et des finances et GTZ, 1998. Politique économique et pauvreté
    au Burkina Faso. Ouagadougou, Burkina-Faso.

Ministère de la santé – DEP, 2010. État des lieux sur la couverture de l'assurance maladie au Burkina Faso. Communication faite lors du 2e atelier de l'étude « Évaluation du secteur privé de la santé au Burkina Faso ». Ouagadougou, Burkina-Faso.

Ministère de la santé, 2010. Comptes nationaux de la santé- années 2007 et 2008 - Rapport provisoire 1 (sous compte tuberculose et paludisme). Ouagadougou, Burkina-Faso.

Ministère de la santé, 2010. Revue du secteur de la santé pour l'année 2009. Ouagadougou, Burkina-Faso.

Ministère de la santé - SG – DGISS, 2010. Annuaire statistique 2009. Ouagadougou, Burkina-Faso.

Ministère de la santé – DEP, 2009. Situation de l'assurance maladie au Burkina Faso. Ouagadougou, Burkina-Faso.

Ministère de la santé – DSP, 2009. Répertoire des établissements privés de soins du Burkina. Ouagadougou, Burkina-Faso.

Ministère de la santé – DSP, 2008. Analyse des résultats du recensement des établissements privés de soins. Ouagadougou, Burkina-Faso.

Ministère de la santé, 2008. Rapport sur les comptes nationaux de la santé 2005. Ouagadougou, Burkina-Faso.

Ministère de la santé - SG – DGPML, 2007. Guide national des approvisionnements pharmaceutiques du secteur sanitaire public (document en cours de révision). Ouagadougou, Burkina-Faso.

Ministère de la santé - DEP - Action santé pour tous, 2005. Rapport de l'étude sur les schémas de financement communautaire de la santé au Burkina Faso. Ouagadougou, Burkina-Faso.

Ministère de la santé - Direction générale de la tutelle des hôpitaux - Direction générale de la pharmacie du médicament et des laboratoires - Consult Group International, 2005. Étude sur le potentiel du développement du secteur privé sanitaire du Burkina Faso (rapport final). Ouagadougou, Burkina-Faso.

Ministère de la santé – D.S., Ph, Kiema B. B., Sanoduidi A., 2002. Sondage sur le prix des médicaments dans huit districts sanitaires du Burkina Faso. Ouagadougou, Burkina-faso.

Ministère de la santé - Secrétariat général, 2002. Évaluation de la gestion des ressources financières par les comités de gestion, rapport de synthèse. Ouagadougou, Burkina-Faso.

Ministère de la santé, 2001. Plan national de développement sanitaire 2001-2010. Ouagadougou, Burkina-Faso.

Ministère de la santé - Cellule technique, 2001. Santé et pauvreté au Burkina Faso : progresser vers les objectifs internationaux dans le cadre de la stratégie de lutte contre la pauvreté. Ouagadougou, Burkina-Faso.

Ministère de la santé - Secrétariat technique pour la politique sanitaire nationale et le PNDS, 2000. Analyse de la situation sanitaire, Ouagadougou, Burkina-Faso.

Ministère français des affaires étrangères, 2010. Présentation du Burkina Faso.http://www.diplomatie.gouv.fr/fr/pays-zones-geo_833/burkina-faso_338/presentation-du-burkina-faso_942/index.html (consulté en novembre 2010).

Nations Unies, 2007. Perspectives de la population mondiale. Département des Affaires économiques et sociales. http://www.Ined.fr/fr/pop (consulté en janvier 2011).

Ouiminga R.M., 2010. Formation des professionnels de santé : Présentation de l'Université Saint Thomas d'Aquin et de sa faculté de médecine. Communication présentée lors du 2e atelier de l'étude « Évaluation du secteur privé de la santé au Burkina Faso ». Ouagadougou, Burkina-Faso, 29 et 30 Novembre.

Pare L. J., 2010. L'approvisionnement pharmaceutique privé au Burkina Faso. Communication présentée lors du 2e atelier de l'étude « Évaluation du secteur privé de la santé au Burkina Faso ». Ouagadougou, Burkina-Faso, 29 et 30 Novembre.

Pharmaciens sans frontières, 1999. Étude sur la demande de médicaments au Burkina Faso. Ouagadougou, Burkina-Faso.

Premier Ministère, 2008. Quatrième édition des journées économiques du Burkina Faso en France : « Investir au Burkina Faso, la porte ouverte sur le grand marché de l'Afrique de l'Ouest ». Note de présentation de la situation et du potentiel économiques du Burkina Faso. Ouagadougou, Burkina-Faso.

Seglaro A.S., 2003. Éléments d'évaluation des programmes d'ajustement structurel au Burkina Faso. Série document de travail, DT-CAPES no 2003-04. Centre d'analyse des politiques économiques et sociales. Ouagadougou, Burkina-Faso.

Sanouira A., Direction générale de la tutelle des hôpitaux publics et du sous-secteur sanitaire privé - Ministère de la santé, 2010. État des lieux des établissements sanitaires privés. Communication présentée lors du 2e atelier de l'étude « Évaluation du secteur privé de la santé au Burkina Faso ». Ouagadougou, Burkina-Faso, 29 et 30 Novembre

Unité d'enseignement et de recherche en démographie, 2002. Santé, éducation, habitat à Ouagadougou, une initiative visant à développer des services sociaux plus équitables. Ouaga Focus No1. Université de Ouagadougou, Burkina-Faso.

Sawadogo K., 2003.La pauvreté au Burkina Faso : Une analyse critique des politiques et des stratégies d'intervention locales. Centre africain de formation et de recherches administratives pour le développement. Ouagadougou, Burkina-Faso.

Seynou S., 2010. Projet de mise en place d'un système national d'assurance maladie au Burkina Faso. Communication présentée lors du 2e atelier de l'étude « Évaluation du secteur privé de la santé au Burkina Faso ». Ouagadougou, Burkina-Faso, 29 et 30 Novembre.

Société financière internationale (SFI) (2008). Investir dans la santé en Afrique – secteur privé : un partenaire pour améliorer les conditions de vie des populations. Washington DC : SFI.

Sombie M. et al., 2011. Santé et pauvreté au Burkina Faso : progresser vers les objectifs internationaux dans le cadre de la stratégie de lutte contre la pauvreté ; Ministère de la santé, cellule technique. Ouagadougou, Burkina-faso.

Sontie S., 2010. Situation générale du secteur privé. Communication présentée lors du 2e atelier de l'étude « Évaluation du secteur privé de la santé au Burkina Faso ». Direction générale de la promotion du secteur privé du Ministère du commerce. Ouagadougou, Burkina-Faso.

International Finance Corporation, 2009. Doing Business 2011 Burkina Faso (Comparing regulation in 183 economies). Washington DC: IFC.

Tiendrebeogo A.F., 1997. Contribution à la connaissance du marché parallèle des médicaments à Ouagadougou. Thèse pour le doctorat en pharmacie ; Université de Dakar. Dakar, Sénégal.

Traoré F., 2010. Accès au financement. Communication présentée lors du 2$^e$ atelier de l'étude « Évaluation du secteur privé de la santé au Burkina Faso ». Ouagadougou, Burkina-Faso.

Traoré M.C., CMA SCHIPHRA, 2010. L'offre de soins privés conventionnée. Communication présentée lors du 2$^e$ atelier de l'étude « Évaluation du secteur privé de la santé au Burkina Faso ». Ouagadougou, Burkina-Faso, 29 et 30 Novembre.

Viens A., Perrin S., IMS Health, 2010. Place du marché pharmaceutique africain au niveau mondial - Évolutions et perspectives. Communication présentée lors de la journée « Enjeux et perspectives du marché pharmaceutique en Afrique subsaharienne francophone » organisée par le LEEM, Avril 2011, Paris.

# Publications

*Études-pays :*
Private Health Sector Asessment in Kenya, World Bank Working Paper, No. 193
Private Sector Assessment in Ghana, World Bank Working Paper, No. 210
Etude sur le secteur privé de la santé au Mali, World Bank Working Paper, No. 211
Private Health Sector Assessment in Mali, World Bank Working Paper, No. 212
Etude sur le secteur privé de la santé en République du Congo, A World Bank Study
Private Health Sector Assessment in Republic of Congo, A World Bank Study

*Documents techniques :*
Health Insurance Handbook: How to Make it Work, World Bank Working Paper 219
Health Education

## ÉCO-AUDIT
### *Présentation des avantages environnementaux*

La Banque mondiale s'attache à préserver les forêts et les ressources naturelles menacées. Les études-pays et les documents de travail de la Banque mondiale sont imprimés sur papier non chloré, intégralement composé de fibres post-consommation. La Banque mondiale a officiellement accepté de se conformer aux normes recommandées par Green Press Initiative, programme à but non lucratif qui aide les éditeurs à utiliser des fibres ne provenant pas de forêts menacées. Pour de plus amples informations, consulter www.greenpressinitiative.org.

En 2010, l'impression de ces ouvrages sur papier recyclé a permis de réaliser les économies suivantes :

- 11 arbres*
- 3 millions BTU énergie totale
- 1 045 tonnes-équivalent $CO_2$ gaz à effet de serre, net
- 5 035 gal. eau
- 306 lb. déchets solides

*Hauteur : 12 m
 Diamètre : 15–20 cm

green press
INITIATIVE

www.ingramcontent.com/pod-product-compliance
Lightning Source LLC
Chambersburg PA
CBHW081507200326
41518CB00015B/2416